JN145835

説教集

人が神にならないために

荒井献
Arai Sasagu

新教出版社

目次

人が神にならないために

1　最も小さい者の一人に

〔聖書〕マタイによる福音書二五章三一―四〇節（新共同訳）

「罪人」の一人として

ただ今、司会者に読んでいただきました聖書の箇所は、「諸国民の裁き」の譬えと言われ、イエスが、最終の審判の場面を比喩的に語っているところです。ここに登場する裁き手としての「王」は、イエス・キリストのことを示唆しています。

さて、なによりもこの聖書の箇所で目立つのは、イエスが「最も小さい者」の一人に自らを重ねていることです。イエスは四〇節で「最も小さい者の一人にしたのは、わたしにしてくれたこと」と言っているのですから。

実際イエスは、歴史的にみても、飢え、渇き、宿なく、裸で、病に倒れ、獄中にある人々、つまりこれら「最も小さい者」、いわゆる「罪人」の一人として、社会的差別の対象となっていた人々の位置に立って振る舞いました。それだけではありません。イエスは自ら「罪人」の一人になりきって十字架上に死んだのです。

このことは、イエスの受難物語、とくにマルコによる福音書一五章に記されている十字架上におけるイエスの最期の言葉と、それに対応するローマの百人隊長の信仰告白とを読んでみればわかります。マルコによる福音書一五章三三節以下です。ここでイエスは、「わが神、わが神、なぜわたしをお見捨てになったのですか」と、神に向かい、いわば絶望の言葉を吐いて息をひきとります。もちろん、十字架に掛けられたということは、イエスが「罪人」の一人であったことを前提しています。そのうえ、神を疑うことは罪になります。ところが、こうして全き罪人として息をひきとっていったイエスのありさまを見て、三九節によれば、イエスに向かって立っていた百人隊長は、「本当に、この人は神の子だった」と告白いたします。イエスは神の子だという告白は、マルコ福音書ではここで初めて出てくるのです。イエスが亡くなる前の段階では、マルコ福音書ではイエスの「神の子」性を少なくとも悪霊は知っております。しかしイエスに従った人々、たとえば弟子たちでさえも、イエスに対して「神の子」と告白する場面は、生前のイエスに対しては一回もありません。およそ人間による、イエスに対する「神の子」

告白は、ここで初めて出てくるのです。しかも、イエスを処刑した責任者であるローマの百人隊長の口を通して。そのうえこの告白は、絶望のどん底に陥りつつ自ら罪人として息絶えていく、およそ「王」であるとか「キリスト」であるとかいうイメージとは正反対の存在に対してなされています。これは、まさに逆説以外の何ものでもありません。

このようにして、死に極まったイエスの「生」こそが、真実の意味における「命」であり、この生命にあずかるために、私たちもまたイエスに従って「最も小さい者」の一人の位置に立つことを促されている。――このような信仰を媒介にして元来この「諸国民の裁き」の譬えが成立した、と私は見ています。

平和への道

ところで、イエスは有名な山上の垂訓のなかでこう言われています。――「平和を実現する人々は、幸いである、その人たちは神の子と呼ばれる」（マタイ五・九）。といたしますと、平和というのは、少なくともイエスによりますと、「最も小さい者」の位置に立ち尽くすことによって以外に実現しないことになります。

それなら、はたして私たちが「最も小さい者」と共に生きるのみならず、「最も小さい者」

の一人になりきれるのか――イエスがそうなりきったように。

私はたとえキリスト者であっても、あるいはむしろキリスト者であるからこそ、私たち自身が「最も小さい者」の一人になりきるということは、つまり私たち自身がイエスになりきるということは、これは不可能なことと思います。この不可能性ということを古典的に表現いたしますと、「原罪」ということになります。少なくとも私は、正直に申しまして、この不可能性を自分の力で超えることはできないと告白せざるをえません。これがいわば人間の現実というものです。

しかし、私たちはこの現実に居直ってはならないでしょう。「最も小さい者」の一人になりきって死んだ唯一の存在としてのイエスによる、私たちの罪のゆるしを媒介としたイエスの呼びかけに可能なかぎり応えていく、信仰によって罪ゆるされてイエスに従う以外に、私たちの前に平和への道は開かれていないのではないでしょうか。

いずれにしても、イエスの促しに対する、このような意味における私たちの応答の象徴行為が礼拝であり、その行為の具体化が日常生活である、と少なくとも私は思っております。

今日、戦争の危機に直面して、反戦運動に立ち上がることももちろん大切です。しかし、もっと大切なことは、戦争になれば最も傷つきやすい弱い人々、この世の中で最も弱い立場にある人々の位置に私たちが日常生活において立つ勇気をもつこと、少なくともそのように振る舞う想像力と感性を身につけることです。イエスは「最も小さい者」の一人として私たちを平和への道に招いておられる。とすれば、私たちの告白の対象となる「主なるイエス」は、けっして「栄光の主」ではない。そうではなくて、いわば「最も小さい者の一人」としての「主」なのであります。

醒めた母の眼

今日はクリスマス礼拝でありますので、これまでの話との関わりで、私の子どもの頃のクリスマスの思い出を少しお話しして終わりたいと思います。それは一九四四年、つまり、終戦の前年の一二月のことでした。私が中学二年の時です。教会の日曜学校（現在の「子どもの礼拝」）でクリスマス祝会が開かれる予定だった夕方の出来事です。当時、キリスト教の教会は敵性宗教の拠点として世間の敵視を浴びており、日曜礼拝に集う信徒はほとんどなく、ただ日曜学校だけは、私たち兄弟と友人数人で続いているのが現状でした。

ところがその日は、午後三時頃から、日頃教会や牧師館に投石を繰り返していた悪童たちが教会玄関前にピケを張ったのです。クリスマスの祝会に集まってきた男女の子どもたちは、会堂に入ることを妨害されてしまいました。五時頃になって私はついに我慢できなくなり、会堂から飛び出すと、ピケを指揮していたガキ大将に組み付きました。ものすごく雪が降っていました。乱闘となりました。しかし私は、当時剣道部の主将であった彼の敵ではなく、間もなく雪の上に組み伏せられてしまいました。私は顔面を雪の中に押さえつけられました。そのままどれほどの時間が経ったか。雪の中で私は涙を流しました。そして顔面を覆う雪が涙でカサッカサッと溶けていく音がしたのを今でも鮮明に覚えています。私はただ無念でありました。クリスマスの祝会は中止されました。私たちにとって一年の最大の楽しみであったクリスマスです。大曲教会の七〇余年の歴史のなかで、クリスマス祝会が中止されたのはこの一回だけだったと思います。父親は不機嫌に書斎にこもっていました。母は会堂の中央に据えられたストーブの残り火で、私の衣服を乾かしていました。そして弟と私は、声もなくストーブに手をかざしておりました。しばらくの沈黙のあとで、母がぽつりと漏らしました。「この戦争は負ける」。

この頃になりますと、戦災を知らない秋田県にもアメリカの艦載機が飛来していました。ラジオも「海行かば」のメロディーに続いて、連日南の島での日本軍の玉砕を報じていました。一般大衆は戦争が日本に不利に展開していることに気づいていました。それでも、誰一人日本の敗戦を口にする者はおりませんでした。みんな日本はかならず勝つと信じていました。つねに特高（特別高等警察）に付きまとわれていた父でさえも、礼拝に集う者が皆無に近く、ほとんど家族だけで守っていた礼拝のなかで、日本の必勝を涙ながらに祈っていたのです。そのようなときに母は、子どもたちの前ではっきりと日本の敗戦を予言したのです。これは私にはものすごいショックでした。しかも母による敗戦の予言は、日本の戦争が悪化していたこの時が初めてではなかったのです。開戦当初、日本が連戦連勝して連日旗行列をしていた頃のある日、母は開戦直前まで父がとっていたアメリカの雑誌をめくりながら、やはり私たち兄弟に向かって、その雑誌の内容はともかくとして、このような良質の紙で雑誌を出している国と戦って日本が勝てるわけはないと言ったのです。

私の母は非常に不幸な育ち方をしておりました。幼児の頃に母親を亡くし、父親は一旗揚げるために妹を連れて朝鮮へ行ってしまったけれども、結局失敗し、アルコール中毒になって帰ってきました。それを、私の父が牧師館で最後まで看取ったのです。母は勉強が良くできたこともあって、奈良の女子高等師範学校（現在の奈良女子大学）に特待生として入り、卒業後、理科の教師として最初に赴任したのが新設間もない大曲女学校（現在の大曲高等学校）でした。ほとんど同じ頃に父が大曲教会の牧師に赴任し、そこで二人が出会ったわけです。いずれにせよ、母は非常に恵まれない生活を、結婚前、そして結婚後も（戦争中でしたから）送り、当時においては、いわば打ちひしがれていた人々の一人でありました。そういう母が、はっきりと日本の敗戦を予言したので、私にとっては凄味がありました。

私は、母のあのような醒めた眼を継承していきたいと願っています。そして、私の母に象徴されるような、また私の少年時代に象徴されるような、女性や子どもの尊厳を抑圧しなければ完遂できない戦争というものに、はっきり「否」と言い、それを態度で表さねばならないと思っています。

イエス・キリストの誕生を祝うこの日に、改めて聖書の中のイエスの言葉に耳を傾けて、このことをしっかりと胸に刻み込み、イエスと共に「最も小さい者」を大切にして生きていきたいと思うものです。

2　あなたの傍らに

〔聖書〕ルカによる福音書一〇章二五―三七節（新共同訳）

善いサマリア人の譬え

今日は、皆さんよくご存じの「善いサマリア人の譬え」をテキストにして、一緒に考えさせていただきたいと思います。物語をたどりますと、ある律法学者がイエスを試そうとして、何をしたら永遠の命を受け継ぐことができるかと聞きます。「永遠の命」というのは、マタイによる福音書とかマルコによる福音書の「神の国を受け継ぐ」と同じ表現で、ルカによる福音書は「神の国」という言葉をできるだけ使わないで、「永遠の命」という言葉を使っています。これは、読者がユダヤ人というよりギリシア人、ローマ人であったからだろうと思います。

イエスが「律法には何と書いてあるか」と聞きます。それに対して律法の専門家は有名な申命記の六章一五節、レビ記の一九章一八節をもって答えます。「神への愛」と「隣人への愛」。これはレビ記に書かれている言葉ではありますが、この時代の日常生活において、昼や夕べの祈りのときに一緒に唱える祈りの一部でした。「シェマー」と言いまして、ユダヤ人はこの言葉は聖書の中心的な教えとして知っていたはずです。「イエスは言われた。『正しい答えだ。それを実行しなさい。そうすれば命が得られる』。しかし、彼は自分を正当化しようとして」、自分は実際、この掟に従っていることをイエスに認めていただこうと思って、ということですね。「では、わたしの隣人とはだれですか」と聞きます。ユダヤ人による隣人とは、ユダヤ同胞という意味です。するとイエスは譬えをもってそれにお答えになったと、そこから譬え話に移ります。

「ある人がエルサレムからエリコへ下って行く途中、追はぎに襲われた。追いはぎはその人の服をはぎ取り、殴りつけ、半殺しにしたまま立ち去った」。「エリコ」は死海の南西岸にある町で、死海のように海面より低い所にあります。「エルサレム」は、エルサレムに行かれた方はご存じと思いますが、丘の上にあります。ですから「下って行く途中」というのは地理的な状況に一致しています。この街道は非常に寂しい山道でしばしば山賊が出没したということは、この時代の文献によっても立証されます。

「ある祭司がたまたまその道を下って来たが、その人を見ると、道の向こう側を通って行った」。

「祭司」というのは神殿に仕えていた祭司だろうと思います。この時代、祭司たちはそれぞれ組をなしていて、一年間のうちの二、三か月神殿に仕え、その務めが終わると自分の郷里に帰りました。エリコという所には神殿に仕える祭司が非常に多く住んでいたということも文献的に確かめられます。「その人を見ると、道の向こう側を通って行った」とあります。この場合、けっして宗教者の偽善行為というだけではなく、レビ記二一章一節に書いてある「(誰であれ)自分の一族の死者のために決して身を穢してはならない」(山我哲雄訳、岩波版『旧約聖書』Ⅱ)という教えにのっとり、おそらく死体であろうと思って道の向こう側を通って行ったと見てよいだろうと思います。つぎにはレビ人もその場所に来ました。「レビ人」というのは下級祭司です。祭司とレビ人とは祭司階級全体をさすと見てさしつかえないと思います。彼も、「道の向こう側を通って行った」。「ところが、旅をしているあるサマリア人は、そばに来ると、その人を見て憐れに思い、近寄って傷に油とぶどう酒を注ぎ、包帯をして、自分のろばに乗せ、宿屋に連れて行って介抱した」。

異民族化したサマリア人

サマリア人というのは、紀元前七二一年にアッシリア帝国によって滅ぼされた、北王国イスラエルの土地に住んでいた人々でした。有名な話ですが、アッシリア帝国は占領政策によって民族混交運動をやり、北イスラエルの上層階級をアッシリアに連れて行き、アッシリアの下層階級を北イスラエルに強引に移植させ、民族を混交させるという政策を取りました。これは紀元前七〇〇年代のことですから、イエスの時代になるとその結果は歴然としていて、ほとんど民族的にはユダヤ人ではないのです。ですから、サマリア人と呼ばれていました。しかし元来はユダヤ人でした。それだけに純粋なユダヤ人とサマリア人の間には非常に激しい愛憎の関係があって、これは他の福音書をみてもルカ福音書をみても、ときどき出てきます。たとえばガリラヤからユダヤ人がユダヤに旅行するときには、その真ん中の地域にあたるサマリアは通らなかったという記事が聖書にも出てきます。そういうことで、犬猿の間柄にあった異民族です。

そのサマリア人が、その人を見て憐れに思い、「憐れに思い」というのは、岩波書店から出ている『新約聖書』Ⅱでは「断腸の想いに駆られ」と訳されています。これに関してはあとで話したいと思います。「翌日になると、デナリオン銀貨二枚（デナリオン一枚というのは一日の日当に当たりました。ですから二日分の日当に当たるお金です）を取り出し、宿屋の主人に渡して言った。『この人を介抱してください。費用がもっとかかったら、帰りがけに払います。』さて、あなたはこの三人の中で、だれが追いはぎに襲われた人の隣人になったと思うか」とイエスは聞きます。律法の専門家は「その人を助けた人です」と答えます。そこでイエスは命じます。「行って、あなたも同じようにしなさい」と。

文脈から解釈する

この譬え話をどう解釈するかに関しては、三つのアプローチの仕方があると、私は思います。一つは、この三〇節から三五節ないしは三六節までの譬え話を、この譬え話の枠組みになっている物語から解釈するという解釈の仕方です。文脈から解釈するという仕方です。これは最も普通の解釈の仕方だろうと思います。最後の「行って、あなたも同じようにしなさい」というイエスの命令の「しなさい」と、二八節の「それを実行しなさい」の「実行しなさい」とは同じギリシア語です。あきらかに二八節を受けてイエスは「行って、あなたも同じようにしなさい」と締めくくっています。ここのところに手掛かりを得てこの物語を解釈するのが普通の解釈だろうと思います。

こういう視点からこの譬え話を読みますと、善いサマリア人は永遠の命を得るための振舞いの模範、モデルというふうに位置づけられるだろうと思います。そしてこれを、譬え話その他の文学的ジャンルで言いますと「例話」と言います。人間のなすべき振舞いの模範を示す物語ということです。譬えそれ自体（二九節の後半から三五節ないしは三六節）の枠となる物語、つまり二五節から三〇節の前半および三六節と三七節は、このように解釈させようとする意図がはっきりしていると思います。私たちの間では譬え話の枠組みを構成したのは福音書記者のルカであろうと考えます。つまり、サマリア人を模範として隣人愛を実行しなさいということです。しかしその際の隣人愛というのは、隣人愛を実行したのはサマリア人で、ユダヤ人ではありませんから、あきらかに民族とか人種の別に限定されない、いわば普遍的な愛ということになります。この点で、ユダヤ教における同胞に対する隣人愛を越えているというかたちで、キリスト教的な隣人愛の模範を提示したと解釈するのが普通の解釈だろうと思います。ですから、この譬えは一般に「善いサマリア人の譬え」と呼ばれるわけです。

それに対して私は、ごく最近まで、二九節の「では、わたしの隣人とはだれですか」という律法の専門家の問いにイエスが譬えをもって答え、最後に三六節で「あなたはこの三人の中で、だれが追いはぎに襲われた人の隣人となったと思うか」と反問することで、イエスの答えが律法の専門家の問いに不整合に対応していると見ていました。つまり、律法の専門家は「わたしの隣人とはだれですか」と、隣人を愛する対象と見ている、こうして、隣人を客体化している。それに対してイエスの問いは「だれが隣人になったと思うか」と、隣人を愛する対象あるいは客体から、愛する者の主体に転換している。「愛する対象として隣人を探し求めるのではなく、自ら主体的に隣人となる」という、そういう振舞いで民族的差別を越えることができるのだとイエスは暗に答えようとした。ですからここでユダヤ人の客体的隣人観をイエスはイエスに独自な主体的隣人観で批判的に越えたと見てよいのではないかと、そういうふうに解釈してきました。

視点を「旅人」に移す

しかし最近、視点を善いサマリア人から追いはぎに襲われて半死半生になって倒れている旅人のほうに移してこの譬え話を解釈し直したほうがよいのではないかと、同僚やかつての学生の示唆によって私は思うようになりました。

じつは、イエスの譬えというのは、文学的なジャンルの取り方によりますと、メタファとして語られる場合が多いのです。「メタファ」というのは日本語では「隠喩」と訳します。隠された譬えです。譬えのなかでイエスが何に中心を置いて語っているのかということは隠されている、それを発見するのは読者、あるいは聞いている人だと、そういう意味でイエスはつねに読者に問いかけている。そして、読者はそれに主体的に応えるということを引き出そうとしている。しかし、この譬えに関しては私は直接的にそういう視点を取っておりませんでした。隠喩というのは、たとえばルカによる福音書一三章三二節にヘロデ・アンティパスのことをイエスが「狐」と呼んでいます。「狐のようなヘロデ」とは言っていません。狐のようなヘロデというのは直喩になります。ヘロデを念頭には置いてはいるけれど、「あの狐」と言った場合には、聞いている人にあっと思わせる、そういう迫力をもった譬えの仕方です。狐は悪賢いと一般に言われるのですが、それは悪いほうに強調点を置いているのか賢いほうに強調点を置いているのか、それはその隠喩を聞いた人がヘロデに関するいろいろな情報から把握すべきことであって、そのことを直接、譬えで示さないのがイエスの譬えの特徴と言われます。この場合のヘロデの特徴である狐というのは、この文章のなかでは隠されているということです。ですから隠喩と言います。

サマリア人に親切にされた人の譬え

譬え話というのは、隠喩を物語化したものであり、譬え話を始めから終りまで読んで、譬えのなかで誰がいちばん中心的な位置を占めているかということをまず発見する。とすると、この譬えのなかで始めから終わりまで役割を果たしているのは善きサマリア人ではないのです。

善きサマリア人は途中から登場します。半死半生になって倒れている旅人が始めから終わりまでこの譬え話を支配していると見てさしつかえないだろうと思います。岩波版『新約聖書』Ⅱで、ルカ福音書を訳した佐藤研君は、この譬えを「善いサマリア人の譬え」と小見出しをつけないで「サマリア人に親切にされた人の譬え」としています。サマリア人に親切にされたのは旅人のほうに焦点を置いて解釈すべきだという観点から、文脈は度外視して譬えそのものを見た場合に、譬えではイエスはおそらく、文脈にあるように律法学者の問いに答えたというよりも、イエスの周りに集まったユダヤの民衆に向かって説いています。そのユダヤの民衆は、精神的にも経済的にも、当時非常に苦しい立場に置かれていた。ほとんど半殺しの状態にあるような、そういう状況に置かれていた。そういう民衆を前提としてこういう語り出しをする場合には、その譬えを聞いている民衆は自分とまず最初に強盗に襲われて倒れている旅人を同一化し、この旅人を誰が助けるだろうかと物語を追っていく、そういう物語の進行の具合いになっているのではないかと考えられます。結論だけを申し上げますと、ここでイエスが言わんとしているのは、苦しんでいる旅人のほうに視点を移して解釈し直すと、「苦しみにあるあなたのすぐそばに、国籍や民族や宗教を越え、あなたと苦しみを共にして、あなたの隣人となる存在が寄り添っている」ということになりましょう。「あなたと苦しみを共にして」と私が解釈したのは、三三節の「憐れに思い」です。しかし、「憐れに思い」と訳すと、「苦しみを共にする」という語感は出てきません。ですから「断腸の思いに駆られ」という岩波版の佐藤訳を採りました。これがいちばん原語に忠実な訳だと私も考えております。もう一度言いますと、「苦しみにあるあなたのすぐそばに、国籍や民族あるいは宗教を越え、あなたと苦しみを共にして、あなたの隣人となる存在が寄り添っている」とすれば、この譬え話が「善いサマリア人の譬え」というよりも、「苦しんでいる人間のそのそばに神の愛が寄り添っている」という方向に強調点が置かれていると見てよいのではないかと、私は思っています。

新大久保駅で起きた事件

最近起こった事件を、この譬え話に重ねてみようと思います。一月二六日（二〇〇一年）に新大久保駅で起きた事件です。酒に酔った男性がホームから線路に転落し、彼を助けようとして線路に飛び下りた二人の男性が、転落した男性と共に進行してきた電車にはねられて命を失いました。皆さんもよくご存じだと思います。この事件が大々的にマスコミに取り上げられた原因の一つには、転落した男性を助けようとして自らの命を失った二人のうち一人が韓国人であったことにあると思います。あまりにも自己中心的な少年たちが起こす悲惨な事件が続発する世の中で、二人とも比較的に年若い男性が、おそらく無意識のうちに他人の命を救おうとした行動は、今の日本にとってほとんど「福音」であったと私には思えます。しかも、救助に結果として命をかけた一人は、救いの対象となった日本人から見ると、かつて祖先が差別の対象としていた、いまもその影響が強く残っている朝鮮人あるいは韓国人でした。韓国からの留学生イ・スヒョン（李秀賢）君は恩讐を越えた隣人愛のモデルとして、日本ではもとよりのこと、とくに韓国では大々的に称賛されております。

隣人愛と言えば、善いサマリア人の譬えが思い出されます。聖書が広く読まれている韓国では、善きイ・スヒョン君を善きサマリア人に重ねているのではないかとさえ思われます。死にかかって横たわっていた旅人のユダヤ人を助けたのは、ユダヤ人から激しく差別されていたサマリア人だったからです。

しかし、今申し上げましたように、善いサマリア人の譬えを解釈する視点をサマリア人から、助けられたユダヤ人に移してみたらどうでしょうか。この譬えの聴衆は元来、苦しみにあるユダヤ庶民でありました。私は、この事件において、善きイ・スヒョン君による救助の対象となった人物、つまり、酒に酔って線路に落ちた青年の素姓を知りたいと思いました。これは譬えの解釈に触発された結果です。

幸い、二月一七日の『朝日新聞』に彼の素姓が報道されております。彼は岩手県の漁村の出身で、兄は漁労中に遭難死し、お父さんはそれが原因で精神的な病気になって漁業を引退しています。彼は家を出て左官の職を身につけ、東京ではマンションの外壁工事に携わっておりました。ここまでは報道のとおりです。あとは私の想像力の所産です。冬の寒気に一日中さらされて冷え込んだ体をワンカップのお酒で暖めたのだろうと思います。疲労も重なって足がもつれホームから線路に転落しました。

私はこの外壁工に同情を引こうとするつもりはありません。私はイ・スヒョン君の行動を称賛する記事に心惹かれながらも、なんとなく釈然としないのは、イ君らによる救助の対象となった外壁工が置かれている社会的状況、ホームの安全管理上の不備をも含む社会的状況です。こういう状況を度外視して、イ君を隣人愛のモデルとしてならばともかく、とくに日本においては自己犠牲のモデルとして持ち上げる傾向があります。森首相が葬儀に参列したときの言葉とか石原都知事の称賛演説などを読みますと、自己犠牲のモデルとして持ち上げています。これには胡散臭さがつきまといます。

イエスがサマリア人に親切にされたユダヤ人の譬えをもって聴衆に発信しようとしたメッセージは、私の見解によりますと、「苦しみにあるあなたの傍らに、国籍や民族や宗教を越えてあなたと苦しみを共にして、あなたの隣人となる存在が寄り添っている」ということでありました。

現在、復活節の前の受難節に入っています。イエスの十字架上の苦しみにあらわにされた神の愛を、私たちキリスト教では中心的な教えとしてつねに繰り返し指摘いたします。イエスの十字架上にあらわされた神の愛の非常に具体的な譬えというのが、この「サマリア人に親切にされた苦しんでいる人の譬え」というふうに見てよいのではないでしょうか。もちろんこれは、イエス自身が語った言葉です。ですから、そういう意識をイエスが持っていたはずはありませんが、そののちに、イエスの十字架ということを私たちが体験し、それをまた視点のなかに入れて解釈し直しますと、この苦しんでいる旅人と共にイエスは十字架にかかって、そこにおいでになる。それが本当の神の愛だというふうに、ここでは聴衆や読者に訴えかけているととってさしつかえないのではないかと、私は思います。

3　今ここに生かされて在ることの喜び

〔聖書〕ルカによる福音書一二章二二―三二節（口語訳）

童謡「チューリップ」から

かなり以前のことになりますが、仕事を終えて夜、一杯やりながらテレビをつけましたら、歌手のアグネス・チャンが筑紫哲也と日本の童謡について対談をしておりました。アグネス・チャンによりますと、中国の童謡には親子関係を主題にした童謡が多いのに対して、日本の童謡は多くの場合、自然から素材をとっていると言っておりました。そのなかでも彼女が大好きな童謡は、「チューリップです」ということです。この童謡は、また私の一一歳年下の妹が子どもの時によく歌っていましたので、私もよく覚えております。皆さんも知っているでしょう。本当は歌えばいいのですけれど、歌詞だけ読んでみます。

咲いた、咲いた、チューリップの花が
並んだ、並んだ、赤、白、黄色
どの花見ても　きれいだな

というあの歌です。アグネス・チャンは、チューリップが赤、白、黄色と咲き並んで、そのなかの「どの花見ても　きれいだな」と歌われていることが、すばらしいと言っていました。それらが赤一色とか、白一色とか、あるいは黄色一色に染まらないで、赤、白、黄色がそれぞれの色合いできれいに咲いている。そのように歌えるということが、いかにもすばらしいと言いました。もちろんアグネスは赤、白、黄色というチューリップの花の色から、黒人とか、白人とか、あるいは東洋人という異なった人種を読み取っているわけです。どのような人種に属していても、どのような肌の色をしていても、どの色の人を見てもきれいだと。国際人のアグネス・チャンのこのような童謡の解釈はさすがだと、私はそのとき感じ入ったのです。この童謡を作った人は、そういう意味で作ったかどうかは知りません。しかし、解釈は自由ですから。

自然と人間

ところで、今にして思えばこの「チューリップ」という童謡にはもっと深い意味が隠されているかも知れません。これは私の解釈ですから、少し難しくなってしまいますが。

チューリップは種々の色合いの花を咲かせて存在しています。たしかに彼女らはそれぞれ差異をもって、自立しています。しかし、自分の力だけで自立しているのでしょうか。チューリップの場合、彼女らの自立を促しているもの――それは土壌であるとか、肥料です――が存在しているわけです。われわれ人間の場合も同様であって、自ら在ると思いがちでありますが、私たちが、むしろ在らしめられているのかも知れません。チューリップが赤、白、黄色ときれいに咲き並んでいるのは、今ここに生かされて在ることの喜びを私たちにアピールしているのかも知れません。われわれ人間は今の時にこそ、このような自然の声に耳を傾けるべきではないでしょうか。

自然に対する人間の支配

もっとも、キリスト教の教えでは、自然が人間の下位に置かれて、人間が自然を利用しつくすことを正当化しているとよく言われます。そういう意味で仏教の立場からキリスト教が批判されることが多いのです。たしかに、自然を人間の生活の手段とみなす生き方を裏付けるように見える聖書の箇所があることも事実です。たとえば旧約聖書の冒頭を見てください。旧約聖書の巻頭にあります天地創造の物語の第一章で、神は創造の六日目に、ご自分にかたどって人を創られ、「彼らを祝福して言われた。『生めよ、ふえよ、地に満ちよ、地を従わせよ。また海の魚と、空の鳥と、地に動くすべての生き物とを治めよ』」（創世記一章二八節）と。新共同訳聖書では最後のところは、「海の魚、空の鳥、地の上を這う生き物をすべて支配せよ」と訳されています。そのつぎの二九節「神はまた言われた、『わたしは全地のおもてにある種をもつすべての草と、種のある実を結ぶすべての木とをあなたがたに与える。これはあなたがたの食物となるであろう』」と。つまり自然、植物とか動物はすべて、人間の生活の手段として利用しつくしてもよい、というふうに読めないことはありません。人間は自然を支配する権利を神から与えられていると解釈できないことはないですね。しかし、これは第一章の話です。聖書は全体として読んでいかなければならないわけでして、第二章を読んでください。

自然に対する人間の奉仕

これに続くエデンの園の物語、二章から三章にかけてでありますけれども、ここでは自然に対する人間による全的な支配に、重大な歯止めがかけられていることを見逃してはならないと思います。

まず主なる神は人をつまりアダムを土——土というのはアダマーですね、アダムというのは土のアダマーと掛けている言葉です——、アダムをアダマーの塵で形づくり、エデンの園を設け、人をこの園に住まわせた。つぎに二章の一五節以下、「主なる神は人を連れて行ってエデンの園に置き、これを耕させ、これを守らせられた。主なる神はその人に命じて言われた、『あなたは園のどの木からでも心のままに取って食べてよろしい。しかし、善悪を知る木からは取って食べてはならない。それを取って食べると、きっと死ぬであろう』」と。

この場合の一五節にまず注意しておきたいと思います。「主なる神は人を連れて行ってエデンの園に置き、これを耕させ、これを守らせられた。」というのが一六、一七節の前に書かれています。ここで用いられている動詞、「耕す」と訳されている動詞はヘブライ語で「アーバド」と言います。このアーバドというヘブライ語の動詞は、一般に「耕す」と訳されますが、「仕える」という意味があります。とくにこのアーバドと同じ語幹をもつ名詞のエベドというのは「奴隷」という意味です。有名なイザヤ書の「苦難の僕」、イエスを予言しているという「苦難の僕」の僕というのは、「エベド・ヤハウェ」「神の僕」というふうに訳されています。奴隷という意味です。「耕す」というのは、「奴隷として仕える」という意味があります。このことは、月本昭夫君の『歴史の中の旧約聖書』というごく最近彼が聖書セミナーで話し、本になった聖書セミナーのナンバー8の中で詳しく論じられています（月本昭夫訳、岩波版『旧約聖書』Ⅰ参照）。彼は旧約学、とくにヘブライ語の専門ですからまず間違いないだろうと思います。つまり先ほど言いました一章の二八節の人間による自然支配の思想は、二章の一五節で自然に対する人間の奉仕の思想に転換されているということです。

さらに、先ほど読みました一六節と一七節です。「園のどの木からでも心のままに取って食べてよろしい。しかし善悪を知る木からは取って食べてはならない。それを取って食べると、きっと死ぬであろう」と。ところが、アダムと、このアダムの肋骨から創られたエバは蛇の誘惑にあって、神から食べることを禁じられていた善悪の知恵の木の実を取って食べてしまいます。三章の一節から六節まで。このようにして人間は神のように「善悪を知るもの」となったと三章の二二節に書かれています。しかし神は、人間がさらに命の木の実を取ってそれを食べ、永遠に生きるものとなることがないように、アダムとエバをエデンの東に追放して、命の木に至る道を「ケルビムと、回る炎のつるぎとを置いて命の木の道を守らせた」というのが、三章の二二節から二四節に書かれています。

この物語には、木に象徴される自然と人間の関係についての深い洞察が隠されていると私には思えます。神は自然を、人が自然に対して支配者にならないために、むしろ人が自然に仕えるようにされた。ところが人は自然を自分が知恵を得るための手段として扱い、いまや永遠の命をもその手中に収めようとしている。神は少なくとも命の木を人間のエゴイズムから守り、それによって人間にその限界を知らしめ、人間が神にならないように、人間がつねに人間として留まるように、人間がつねに人間らしくあるようにされたということでありましょう。

イエスは自然をどう理解していたか

それならば、この創世記をも含む聖書を日頃読んで育ったであろうイエスは、自ら自然というものをどのように理解しているのかと、私たちとしては問わざるをえません。この関連でよく出されるのが、先ほど読んでいただきました「野の花」「空の鳥」に言及しているイエスの言葉ですね。これは非常に有名な言葉ですから、皆さんもいろいろな機会にお読みになったことがあると思います。じつはこのテキストを説教の箇所にして、すでに大貫隆君がここで話したことがあります。それは最近出ました彼の講演集です。二冊出ておりますけれど、そのうちの一冊（『神の国とエゴイズム―イエスの笑いと自然観―』教文館）に収録されています。これから話すことは、かなり彼の話とだぶっております。そのことはいちおうお断りさせてください。まったく違うことを言うわけにはいきませんので。

「カラス」のもつ意味

このテキストには、じつはマタイによる福音書とルカによる福音書に、ほとんど同じイエスの言葉があります。マタイ福音書では六章二五節から三四節です。一般にはマタイ福音書のほうが読まれます。ルカ福音書のほうはあまり教会で読まれることはありません。私とか大貫君の仕事というのは、この両方を比較して、どこが共通していてどこが違っているのか、おそらく共通している部分はより古い伝承に遡るであろう、違っている部分はそれぞれの福音書記者が強調するところだろう、というようなことを分析するものですが、そのことは省きます。あまりくどくどしく言わないでくれという要請もありますので。

ただ一言だけ言わせていただきますと、これも大貫君が強調しているのですが、マタイのテキストでは空の鳥となっているところが、ルカのテキストではカラスとなっている、この点が違います。鳥でもカラスでもどっちだっていいじゃないかと言われればそれまでなのですが、しかし、これはやはり重大な違いだとわれわれは認識しています。なぜならば、旧約聖書において、つまりイエスが日頃読んだであろう聖書の中で、カラスというのは汚れた鳥、あるいは忌むべき鳥の代表として扱われているからです。レビ記一一章の一五節、それから申命記の一四章一四節、それからイザヤ書の三四章一一節を参照してください。ここでは当時パレスチナにおいてカラスは汚れた鳥、あるいは忌むべき鳥のなかに数えられています。日本ではどうでしょう。「カラスなぜ泣くの」という童謡がありますけれども、かならずしも忌むべき鳥というイメージはありません。しかし、やっぱり黒いものですから、幸福をもたらす鳥というふうには考えられていないですね。おそらくカラスを比較的にマイナスに評価するのは、万国共通ではないかと思います。

そこで、どっちが古いのだろうか。一般的に鳥と言われていたのが、だんだん言い伝えられていく過程でカラスに変わったのか、あるいはカラスと言われていたのが、だんだん言い伝えられる過程で鳥に変わったのかということです。

ともかく、マタイやルカが書かれたのは紀元後の、おそらく八〇年代で、イエスが亡くなったのは三〇年頃ですから、三〇年の頃から八〇年代にかけて、イエスの言葉は言い伝えられていたわけです、口頭で。もちろんマルコ福音書は最初に書かれた福音書です。私は六〇年代だと思っていますが、大貫君は七〇年代と主張します。私もだんだんと七〇年に近づきつつあるところですけれども、どうも七〇年代のほうが一般的になりつつあるようです。いずれにせよ、このイエスのことばはマルコにはないんです。ですからマタイとルカが共通して用いたイエスの語録伝承が、三〇年代頃から八〇年代頃までずっと言い伝えられていたわけです。「電話ごっこ」というゲームがありますね。言い伝えられていくと、はじめに言った言葉がだんだん違ってくる。だんだん変わっていくというのは日本だけではなく、いわゆる口承文学に一般的な法則です。しかも、それは言い伝えていく人の関心によって変わっていく。あるいは言い伝えていく人々が宣教者であった場合には、宣教する相手によって変わっていきます。私がいまお話ししていると、まぶね教会の会員ということを意識して話しているわけです。まぶね教会の会員にわかりやすく説明しようとしますから、わかりやすい比喩とか用語を使うわけです。どうでしょうか。カラスを比喩に使った場合と、一般的に鳥を比喩に使った場合とですね。これはとでも触れますけれども、私はカラスを比喩に使ったほうが非常にイエス的だと思っています。鳥というのはすごく一般的でして、しかもかなりロマンティックに用いられます。つまり草花とか、鳥とか、そういう自然を牧歌風に理想化して、美しい描写をイエスがしているというふうに解釈されていくのではないでしょうか。つまり、キリスト教を受容していく社会層が上になるにしたがって、一般に、全体にわかりやすいように言葉が変えられていきます。カラスというようなちょっとおかしいと思われるような単語よりも、一般受けのする鳥に変えたほうが、つまづかないで済むんです。カラスから鳥に変わるほうが伝承の課程では一般的だと思います。

鳥とあったものをわざわざ耳ざわりの悪いカラスに変えるというのは、私は一般的じゃないだろうと思います。

生かされて在ることの喜び

そこで今日は説教のテキストとしてルカによる福音書のほうを選びました。ここからイエスが自然というものをどのように見ていたかということを読み取ってみたいと思います。まず第一に、ここでイエスは、今ここで生かされている人間一人ひとりの命のすばらしさを、蒔かず、刈らず、倉に納めずに養われているカラスの命（マタイでは鳥の命）、また働きもせず、紡ぎもしないで養われている野の花の命——この野の花は何を意味するのかというのはまたあとでお話しします——、すなわち自然が自然のままで生かされて在ることのすばらしさから学んでいると思います。こうしてイエスは人間の命を論じる際に、その視点を自然に移して、人間に対して、自然に学び、自然に生きることを勧めています。私たちはこの意味で自然の美しい、すばらしい命の営みから、私たち人間が今ここに生かされて在ることのすばらしさを学んでいきたいと思います。

小さいもの、弱いものへの神の愛

第二に、イエスがここで、カラスや野の花に言及するときに、鳥のなかでも当時イスラエルにおいては、人間にとって忌むべき鳥、汚らわしい鳥に数えられているカラスを引き合いに出しているということです。花の場合も、「きょうは野にあって、あすは炉に投げ入れられる」という価値のない、なんでもない野辺の花、雑草を引き合いに出しているということに注目したいと思います。このような汚れたと考えられていた鳥、あるいは保存すべき価値のない野辺の花を指して、それを人間の、今生かされて在る命へのアピールとして受け取るようにと求めているイエスの発言は、当時のユダヤ人の価値観からすると、それを転倒するような衝撃を与えたはずだと私には思えます。これが差しさわりのない鳥になりますと、衝撃がなくなります。イエスがこのように通常嫌われ、無視された自然の小さな命に、その眼差しを注がれたということは、福音書の他の箇所でイエスが、「子供たちをわたしのところに来させなさい。妨げてはならない。神の国はこのような者たちのものである。」（新共同訳、マルコ一〇・一四）と言われたことに通ずると思います。実際、先ほど読んでいただいた最後の三二節ですけれども、「小さな群れよ、恐れるな。あなた方の父は喜んで神の国をくださる」（新共同訳）と言われています。「神の国」というのは、神の愛が支配する領域のことです。この神の愛の支配領域においいては、この世の価値基準から見れば最も小さい者であっても、最も弱いものであっても、あるいは最も小さいもの、最も弱いものこそ、最も大切にされるということです。

ちなみに二三節に言及されている野の花というのは、一時代前まではユリの花と解釈されていました。ですから英訳でも独訳でもユリと訳されている聖書が多いですね。ユリ説が一般的だったものですから、クリスチャンの家庭には野百合さんとか小百合さんとか、たいへん多いです。私の大学の同僚にも野百合先生という方がいらっしゃいます。ただ残念ながら、この野の花がユリだという解釈は現在では採用されておりません。少なくともわれわれの間では。

最近では一般的にはアネモネ、あるいはアザミのことを指しているというふうにとるのが普通です。先日、まぶね教会でもお話したことのある古代オリエント史専門家で、旧約聖書の専門でもある池田裕君が写真家の横山匡さんという方と共著で『聖書の国の日常生活・カラー版』(教文館)という本を出版されましたが、そのいちばん最後のページに、ガリラヤ湖をのぞむアネモネとアザミの花の写真が載っています。これは今日のテキストのことを書いてはありませんけれども、そういうことを念頭において編集したものと思われます。

一〇年ほど前に、善野先生や古田英子さんたちと一緒に「パウロの足跡を尋ねる旅」をしたことがありました。そのときにパレスチナにも行きました。パウロはガリラヤには行ってないのですけれども、ガリラヤに行きました。そのときはちょうど春の真っ盛りで、イエスがおそらくこの話をしたであろうガリラヤ湖畔のなだらかに連なる丘の上には、一面に野の花が咲き乱れておりました。そのとき案内役をしてくれたのがこの池田君です。いまは筑波大学の教授になっておりますけれど、そのころはまだ留学生だったですね。池田裕君が一輪の花を指して、これはガリラヤ地方の人たちがマリア・アザミと呼んでいる花で、彼らはこれをイエスの言う「野の花」と信じているというふうに話してくれました。

この場合のマリアというのは、イエスの母ではなくて、イエスによって七つの悪霊を追い出していただいたというマグダラのマリアのことです。ルカによる福音書の八章の二節に、イエスに同行した弟子たちと一緒に旅をして、そしてイエスに仕えていた数人の女性のなかに、七つの悪霊を追い出していただいたマグダラのマリアがいたということが言及されています。イエスはナザレという町で生まれたわけですけれども、そのナザレから少し南に下ったガリラヤ湖畔の西岸にマグダラという村があります。そのマグダラ出身のマリアのことです。もちろんアザミの花は可憐で美しい。しかし、鋭い刺が付いています。それでこの刺が悪霊のシンボルとみなされて、マリア・アザミという呼び名になったと思われます。悪霊につかれた女というのは現在で言えば、精神の病いに悩む女性のことです。しかも七つというのは、この場合は非常に多くのという象徴表現です。としますと、マグダラのマリアは非常に重い精神病を患っていたということになります。通常の価値観からみれば、マリアのような女性は一般的に社会から疎まれていたのではないでしょうか。とくに古代においては。ところがイエスは、このような女性の命をこそいとおしみ、その命を丸ごと受け入れました。その結果、彼女は奇跡的に癒されたというのです。

「無為」にも注がれる神の愛

第三に、このイエスの言葉のなかに、五回も繰り返して否定形が出てくることに注目したいと思います。これは大貫君が非常に強調している点です。二四節には、カラスによせて、「種も蒔かず、刈り入れもせず、納屋も倉も持たない」（新共同訳）と言われており、つまり、ここで三回否定形が使われていますね。それから二七節では野の花について、「働きもせず、紡ぎもしない」という、つまり二回否定形が使われています。この否定形が意味するところは、大貫君によりますと、「無為」ということであると。これは元来、道教、老子の思想から出ている言葉だと思いますが、この場合、「無為」というのは何もしないということですね。つまり何もしないいまま、今生かされて在る小さな命を神はいとおしみ養っておられる、とイエスは言っているのだと思います。

私たちはこれから、あるいは明日どう生きようかと思い悩む前に、今、現在、生かされてしまっているという事実に気づくべきでしょう。この意味で自然が人間に対するアピールになっています。自然が私たち人間に何を語りかけようとしているのか。私たちは静かに自然の声に耳を傾けてみたいと思います。この自然の声を、詩に託して私たちに語りかけている一人の詩人がいます。まどみちおさんという詩人です。「象さん」という歌、知っているでしょう。これはまどみちおさんが作った歌詞ですね。「象さん、象さん、お鼻が長いのね。そうよ、母さんも長いのよ。象さん、象さん、だれが好きなの。あのね、母さんが好きなのよ。」というあの歌です。これには深い意味が隠されていると思いますけれども、しかし、そのことは今日は申しません。この歌の作詞をした人がまどみちおさんですけれども、このまどさんが最近「僕がここに」という詩を発表しています。この詩を読んで、「今ここに生かされて在ることの喜び」と題した私の話を終らせていただきます。

僕がここに

僕がここにいるとき、他のどんなものも、僕に重なってここにいることはできない。

もしも象がここにいるならば、象だけ。
豆がここにいるならば、その一粒の豆だけしか、ここにいることができない。
あーこの地球の上では、こんなに大事に守られているのだ。
どんなものが、どんなところにいるときにも。
その居ることこそが、何にもまして素晴らしいこととして。

4 教会をたてる

〔聖書〕コリント人への第一の手紙三章一—二三節（口語訳）

はじめに

この教会に出席されて間もない方もあると思いますし、あるいは新しくいらしている方もあるかもしれませんので、そういう方々にもできるだけわかりやすいように、こういう題でお話することになった経過を報告させていただきます。

私どもの教会は、昨年、創立二〇周年を迎えておりますが、同時に会堂そのものが老朽化しておりまして、いろいろ手を入れなければならないところが出てまいりました。これを機に、来年度を期して、この建物を増改築するか、あるいは最小限の補修だけにして、そこに注ぎ込む私たちの労力を教会の外に役立てるか。とくにこの教会では、横浜の寿町その他、社会の底辺に生きている方々と一緒に、そういう人々の位置に立って教会生活を送るという立場をとっておりますから、そうしたこととの関連で後者をとるか、ここのところずっと議論してまいりました。

この教会は月に一度懇談形式の礼拝を守っておりますが、私はその礼拝の担当になったため、一度種々の議論の土台になるためにも、聖書においては「教会をたてる」というのはどういうふうに捉えられているか、ということを勉強してみたいと思いました。ただ、たんなる勉強会になってしまってはいけませんので、じつは先週の日曜日に今日の話をするための参考にしようと思いまして、「教会をたてる」という題で話すとすれば、どういう意見をもっているか、意見のある方は私に申し出てくださいとお願いしました。そうしましたら、礼拝後に五、六人の方々が集まって、それぞれ意見を出してくださいました。そして、教会を建てるか否か、いずれにしてもまず私たちは信仰において一致の方向にあるのかないのか、そこを確認しないとどうにも動きがとれないと、そういうことでは概ねそのとき集まってくださった方々の間では認識が一致したと思います。そこのところに出発点を置いて、今日の話をさせていただきたいと思います。

一人ひとりの信仰をたてる

「教会をたてる」ということを、私はつぎのように理解します。「教会をたてるとは、苦難のキリストの形を信仰と愛と希望によって形作ること。教会建築のための奉仕は、個々の信徒の霊的成長の働きでもあること。要するに、教会をたてるというのは、教会員一人ひとりをたてることである」。つまり、教会をたてるということは、教会という物質的な建物を建てるということになったとしても、あるいはならなくても、いずれにしても、それは同時に教会員一人ひとりをたてる、あるいは教会員一人ひとりの信仰をたてるということなのだと思います。つまり、二つを切り離しては意味がないということをお話したいと思います。こういう私の思いを、パウロの手紙、とくにコリント人への第一の手紙で裏付けてみたい。これが今日の「説教」のテーマとなります。

コリント教会の分争

今日の聖書の箇所は三つの部分に分かれています。第一部は三章一節から九節まで、第二部は一〇節から一七節まで、第三部は一八節から最後の二三節までです。

第一部のテーマは、分争は育ての神の奉仕者に、また「神の建物」としての教会にふさわしくない、ということです。そもそもコリントの教会というのは、パウロによって創設されました。その後パウロはこの教会を去って、エペソに移ります。そして数年経ってから、パウロのあとにこの教会に伝道にやってきた人々の教えが、いろいろの問題を起こして、パウロが説いた福音とは違った福音をコリント教会の人々が信奉するようになったようです。そして、そのために教会の中にいろいろ争いが起こった。そうした争いを前提として、パウロはこの手紙を書いているわけです。

そういう歴史的な前提から、まず説明を加えながら一節から九節までを読んでみます。「兄弟たちよ、私はあなたがたには、霊の人に対するようには話すことができず、むしろ、肉に属する者」――「霊の人」と訳したならば「肉の人」と訳すべきだと思います――「肉の人、すなわち、キリストにある幼子に話すように話した」。この場合の「霊の人」というのは、現代的に言い換えますと、全き信仰者と言いますか、信仰による全くの自由人とでも言えましょうか。「肉の人」というのは、信仰者であるけれども、この世の価値基準から自由になっていない、そういう人々を指しているようです。パウロは他の手紙で「霊の人」のことを「成人」と呼んで、「肉の人」のことを「未成年者」とも呼んでいます。「幼子」というふうに出てくるのは、

「未成年者」という意味です。

「あなたがたに乳を飲ませて、堅い食物を与えなかった。食べる力が、まだあなたがたにはなかったからである」。あなたがたはこの世の価値基準に従って人を判断している、という意味でしょう。「あなたがたの間に、妬みや争いがあるのは、あなたがたが肉の人であって、普通の人間のように歩いているためではないか」。つまり、信仰者ではないように生活している、ということです。「すなわち、ある人は『私はパウロに』と言い」――ここのところを佐竹明さんは「私はパウロ党」というふうに訳しています。つまり、パウロを頭とする党派に属するという意味です。「他の人は、『私はアポロに』と言っているようでは、あなたがたは普通の人間ではないか」。つまり、パウロにつく人とアポロにつく人と両方に分かれているようです。

さきほど申しましたように、パウロは最初に教会をたてた人、アポロはその後に教会に来て宣教した人。「アポロはいったい何者か。またパウロは何者か。あなたがたを信仰に導いた人に過ぎない」。アポロは使徒行伝一八章二四節以下に出てまいります。エジプトのアレキサンドリアに生まれて、聖書に精通し、しかも非常に雄弁なユダヤ人。霊に燃えてイエスのことを語った、と記されています。最終的には、プリスキラとアクラを通してキリスト教を全面的に信奉するようになった、そういう人物のようです。このアポロが宣教者となってパウロが創立したコリント教会にやって来た。そして、かなりの人を惹きつけたということになります。「アポロはいったい何者か、またパウロは何者か。あなたがたを信仰に導いた人に過ぎない」と訳されておりますが、これを直訳しますと「あなたがたを信仰に導いた奉仕者に過ぎない」となります。「奉仕者」というのはもちろん神に奉仕する人という意味です。「しかも、それぞれ主から与えられた分に応じて仕えているのである。私は植え、アポロが水を注いだ。しかし成長させてくださるのは神である。だから植える者も、水を注ぐ者も共に取るに足りない。大事なのは成長させてくださる神のみである。植える者と水を注ぐ者とは一つであって、それぞれの働きに応じて報酬を得るであろう。私たちは神の同労者である。あなたがたは神の畑であり、神の建物である」。ここに建物という用語法が出てまいります。

私は、ここの「成長させてくださる神」を冒頭で「育ての神」と申しました。パウロとアポロは共に「育ての神の奉仕者」、そのどちらかを立てることによって分争するのは、「神の建物」としての教会、この教会の成員たる「あなたがたにふさわしくない」というのです。

教会の土台はキリスト

さて、この「建物」という用語法を受けて、第二部の一〇節以下に入ります。そしてここで、教会の建築ということがかなり比喩的に使われています。

「神から賜った恵みによって、私は熟練した建築士のように土台を据えた。そして他の人がその上に家を建てるのである」。この「他の人」というのは、伝統的な解釈によるとアポロだとされます。つまり、パウロが据えた土台の上にアポロが建てる、と。しかし最近、これはアポロではないという説が出ました。なぜならば、さきほどお読みした三章の前半でパウロはけっしてアポロその人を批判していない、というのです。むしろパウロとアポロは神に仕える同労者であるということを強調している。批判されているのはアポロを担ぎ出したコリント教会の人々だというのです。しかも、一〇節以下の文脈ではこの「他の人」にかなり批判的でありますので、かならずしもこれはアポロではない、そうではなくて、案外ペテロではないか、あるいは、ペテロの名によって伝道してきた人ではないかと言われています。というのは、ここで「土台」という言葉が出てくるからなのです。マタイ福音書一六章一八節に「あなたはペテロである」。――だいたい「ペテロ」というのは元来「岩」を意味する「ペトラ」から来ている名前ですね。――「この岩の上に私の教会を建てよう」というイエスの有名な言葉が出てまいります。この「土台」というのと「岩」というのを引っ掛けまして、自らが本当の土台だということを主張しようとした、そういう個人あるいはグループがここに示唆されているのではないか、というふうに取る人がおります。

いずれにしましても、「それぞれ気をつけるがよい。なぜなら、すでに据えられている土台以外のものを据えることは、だれにもできない。そして、この土台はイエス・キリストである。この土台の上に、誰かが金、銀、宝石、木、草、または、わらを用いて建てるならば、それぞれの仕事ははっきりと分かってくる」。いつ分かってくるかと言いますと、これは終末の日です。「すなわち、かの日は火の中に現れて、それを明らかにし、またその火は、それぞれの仕事がどんなものであるかを試すであろう」。「試すであろう」とは、吟味するであろう、検査するであろうということです。「もしある人の立てた仕事がそのまま残れば、その人は報酬を受けるが、その仕事が焼けてしまえば、損失を被るであろう。しかし彼自身は火の中を潜ってきた者のようにではあるが、救われるであろう」。一六節「あなたがたは神の宮であって、神の御霊が自分の内に宿っていることを知らないのか」。「あなたがたは神の宮であって」とあります。ここでコリント人への第一の手紙の一章一節と二節を見てください。ここに、これからこの手紙がどこに当てられるかという挨拶の言葉が出てまいります。「神の御旨により召されてキリスト・イエスの使徒となったパウロと、兄弟ソステネから、コリントにある神の教会へ」となっています。そしてこの「コリントにある神の教会へ」というのを受けて、二節に「聖徒として召されたかたがたへ」とあります。ですから、「あなたがた」と言った場合にはパウロはコリントの教会のことを念頭においているのです。つまり、「あなたがた」によって構成されている教会のこと。そのことを念頭において、もう一度三章一六節に帰ってください。「あなたがた」つまり「あなたがたによって構成されている教会」は「神の宮」であって、「神の御霊が自分のうちに宿っていることを知らないのか」、と言われているのです。一七節「もし人が神の宮を破壊するなら、神はその人を滅ぼすであろう。なぜなら、神の宮は聖なるものであり、そしてあなたがたはその宮なのだからである」。

要するに、第二部のテーマは「神の宮」としての教会の建築ということです。――その際、土台はイエス・キリストであり、建築の素材がそれにふさわしいか否かが、終末の日に吟味される、ということになるのだろうと思います。

教会はキリストのもの

そして第三部の一八節以下、「誰も自分を欺いてはならない。もしあなたがたの内に、自分がこの世の知者だと思う人がいるなら、その人は知者になるために愚かになるがよい。なぜならこの世の知恵は神の前では愚かなものだからである。『神は知者たちをその悪知恵によって捕える』（ヨブ記五章一三節）と書いてあり、さらにまた『主は知者たちの議論の空しいことをご存知である』（詩篇九四篇一一節）と書いてある。だから誰も人間を誇ってはいけない。すべてはあなたがたのものなのである。パウロも、アポロも、ケパ（つまりペテロ）も、世界も、生も死も、現在のものも、将来のものも、ことごとくあなたがたのものである。そしてあなたがたはキリストのもの、キリストは神のものである」。ここのところは「あなたがた」つまり「教会はキリストのもの」というところに強調点がおかれているのではないか。もちろん最後にはキリストは神のものとなっておりますけれども。第二部の「教会の土台はキリストである」というところを受けて、「教会はキリストのもの」と言われます。だからあなたがたは「この世の知恵」、つまり「人間」を誇って分争に走ってはならない。

ここで、「この世の知恵」に関連して一章二〇節以下を見てください。「知者はどこにいるか。学者はどこにいるか。この世の論者はどこにいるか。神はこの世の知恵を愚かにされたではないか」。「この世の知恵」と言っていますが、二一節は翻訳に問題がありますので私の訳で読みます。「この世は、この世の知恵によって、神の知恵の中に、神を認めるに至らなかった」。そしてこの場合の「神の知恵」とは何かということが、あとに書かれています。「そこで神は、宣教の愚かさによって信じる者を救うこととされたのである。ユダヤ人はしるしを請い、ギリシャ人は知恵を求める。しかし私たちは、十字架につけられたキリストを宣べ伝える。このキリストはユダヤ人には躓かせるもの、異邦人には愚かなものであるが、召された者自身にとっては、ユダヤ人にもギリシャ人にも、神の力、神の知恵たるキリストなのである」とあります。つまり「十字架につけられたキリスト」というのが「神の知恵」なのです。とすると、さきほどの一章二一節では「この世は、自分の知恵によって、十字架のキリストの中に顕にされた神の知恵の中に、神を認めるに至らなかった」と読むべきでありましょう。つまり、ここでは「この世の知恵」と対照的に、対立的に立てられているのが十字架につけられたキリストであるということです。これが神の知恵だ、と。もしも「この世の知恵」に固執するならば、キリストの十字架を空しくする、というのがパウロの論法です。

すべてのことが（教会を）たてるわけではない

三章一〇節と一二節とに「建てる」という動詞が出てまいりました。この「建てる」という動詞が、比喩的精神的な意味で、どういうふうに同じコリント人の第一の手紙に使われているかということを、見てみたいと思います。

まず一〇章の二三節を開いてください。有名なパウロの言葉ですけれども、「すべてのことは許されている。しかし、すべてのことが益になるわけではない。すべてのことは許されている。しかし、すべてのことが人の徳を高めるのではない」。この「人の徳を高める」というのを直訳すると「たてる」です。「人の徳を高める」と訳してもかならずしも間違いではないと思いますけれども、しかしこれは日本的な感覚の訳ですね。「徳」などという言葉は原文には出てまいりません。ただたんに「たてる」です。ここには目的語がないのです。「すべてのことは許されている。しかしすべてのことがたてるわけではない」。もしもこの「たてる」という動詞に目的語を補うとすれば、私はどちらかといえば「教会をたてる」と読んだほうが良いと思います。そのつぎにすぐ「誰でも自分の益を求めないで、他の人の益を求めるべきである」と出てまいります。「すべてのことが許されている。しかしすべてのことがたてるわけではない」というのが、例のドストエフスキーの『罪と罰』のテーマだと言われています。ラスコーリニコフが「すべてのものが許されている」という立場から金貸しの老婆を殺しました。しかし「すべてのことが許されている」ということで老婆を殺すことが、はたして「たてる」ことかどうか、「他の人の益を求める」ことであるかどうか。人間は信仰によって自由にされたならば、何に対して自由であるかは自らの責任において選択的であるべきだ、というふうに言っている箇所ですね。

これに関連してガラテヤ人の手紙の五章一節「自由を得させるために、キリストは私たちを解放してくださったのである。だから堅く立って、二度と奴隷のくびきにつながれてはならない」とあります。この場合の「奴隷のくびき」というのは律法、つまりこの世の価値基準という意味です。もう少し具体的には、同じ五章一三節以下「兄弟たちよ、あなたがたが召されたのは、実に、自由を得るためである。ただ、その自由を肉の働く機会としないで、愛をもって互いに仕えなさい。律法の全体は、『自分を愛するように、あなたの隣り人を愛せよ』というこの一句に尽きるからである。気をつけるがよい。もし互いにかみ合い、食い合っているなら、あなたがたは互いに滅ぼされてしまうだろう」。

いま読みました、「愛」という用語は「たてる」という動詞とともにコリント人への第一の手紙八章一節に出てきます。「偶像への供え物について答えると、『私たちは皆知識を持っている』ことは、わかっている」。「私たちは知識を持っている」というのは、パウロが批判している相手の人たちのスローガンです。先ほどの「すべてのものが許されている」というのもパウロが批判している相手の人々のスローガンでした。「しかし知識は誇らせ、愛はたてる」とあります。ここも口語訳では「人の徳を高める」と訳していますが、元来は「たてる」です。これにも目的語がありません。「知識は誇らせ、愛はたてる」と。

弱い者をたてる

さきほど確認したこととの関連で言いますと、「神の知恵」、つまり「十字架につけられたキリスト」に与えることがここでは「愛」だというのです。この愛が「たてる」。この八章の文脈では、八節と九節を見てください。とくに九節「しかし、あなたがたのこの自由が、弱い者たちのつまづきにならないように、気をつけなさい」。弱い者をたてることが、本当の意味では、自らをたてることだ、と。弱い者と強い者で構成されている教会の中で、強者が弱者をたてることが教会をたてることだ、というのがパウロの論法です。パウロはこの文脈でも教会外のことは眼中においておりません。これがおそらくパウロの思想の限界だと、私は思います。しかし、この弱い者というので教会内の弱い者だけを言っているのでは、私はイエスの福音とは連続しないと思います。この場合はもちろん教会内の弱い人々も含みますけれど、しかし教会外で一般的価値基準から軽蔑されている人々、疎外されている人々、差別されている人々、そういう意味での弱い人をも含めなければ、キリスト教は教会だけのための福音伝達機関になります。

ボンヘッファーという人がおります。彼は第二次世界大戦のときに、ドイツのヒットラーの政策に、一人の牧師、神学者として最後まで抵抗した結果、捕えられて敗戦の直前に獄中で処刑されました。有名な若い神学者でありますけれども、このボンヘッファーが獄中で書いた日記から一箇所を引用してみます。「教会は、他者のために存在する時にのみ、教会である。新しく出発するためには教会は全財産を窮乏している人々に贈与しなければならない。牧師はただ教会員の自由意志による献金のみによって生活し、場合によってはこの世の職業に就かなければならない。教会は人間の社会的な生活のこの世的な課題に、支配しつつではなく、助けつつ、そして仕えつつ与らなければならない。教会はあらゆる職業の人々に、キリストと共に生きる生活は何であり、他者のために存在するということは何を意味するかを告げ知らせなければならない」。

これはドイツの教会では猛烈にラディカルな言葉です。ドイツの教会は、いわゆる教会税によって成り立っている教会で、私たちのような自由献金で成り立っている教会ではありません。ドイツのキリスト教団は日本の公社のようなものです。ですから牧師も公務員です。しかも、ヒットラーの時代は彼の立場から教団が完全に国営化されていました。そういうときに上述のような発言をすることは、すごくラディカルなことです。教会は持っている財産を、つまり国家の財産を全部窮乏している人々に献げなさいというのですから。そして、牧師は教会員の献金によってのみ生活し、いわば日本の教会と同じ立場になるようにというのですから。ここでボンヘッファーが言っている窮乏している人々、あるいは貧しい人々というのは、けっして教会の中の貧しい人々だけを言っているのではありません。もちろんドイツでは社会全体がキリスト教社会と一般に考えられていますから、教会と社会の区別は私たちの場合よりないわけですが、しかし社会全体がボンヘッファーの視野に入っていることは明らかです。

いずれにいたしましても、そういう弱い人を立てるように配慮するということが教会をたてることなのだ、ということです。パウロの場合には、教会の中だけに限定していますけれども、私たちはここで、その射程を社会全体に広げて考えたいと思うのです。

教会はキリストの体

最後に、「教会をたてる」というテーマについてまとめてみます。「教会の土台はキリストである」と三章一一節にありました。そして、三章二三節に「教会はキリストのもの」とありました。そして、この延長線上に一二章二七節の有名な言葉が出てくるのだと思います。二五節から読みますと、「それは、体のなかに分裂がなく、それぞれの肢体が互いにいたわり合うためなのである。もし一つの肢体が悩めば、ほかの肢体もみな共に悩み、一つの肢体が尊ばれると、ほかの肢体もみな共に喜ぶ。あなたがたはキリストの体であり、一人ひとりはその肢体である」。

「あなたがた」は教会のことを指しておりました。そこで「教会はキリストの体である」という言葉が出てくるのです。そして、少し前の二二―二三節を見ますと「体のうちで他よりも弱く見える肢体が、かえって必要なのであり、体のうちで、他よりも見劣りがすると思えるところに、ものを着せていっそう見よくする」。教会の中で弱い者に神の恵みが最も強く現れるはずだ。そういう意味で弱い者を配慮していかなければならない、と言っておりますす。ここの場合、弱い人とか強い人とか言っているのは、具体的にはユダヤ教ないしは成立間もないキリスト教で禁止されている偶像に献げられた肉を食べてもいいと言っている人々と、いやそういう肉は食べてはならないと言っている人々を指しています。そういう肉を食べてはならないと言っている人をも配慮しなければならないと、パウロが言っているところです。

ところが最近の研究によりますと、肉を食べてもいいと主張する人々はどちらかというと富んでいる人々、肉を食べてはならないと言う人々はどちらかというと貧しい人々であるということが確認されています。とすると、ここのパウロの発言というのは、パウロの意図とは別に社会的発言にもなっているということになります。弱い肢体への配慮、体のなかに分裂がなく、肢体各自が互いにいたわり合うために、という文脈のなかでパウロは、キリストの体が教会なのだと言います。そしてこの一二章の最後に三一節で「あなたがたは、さらに大いなる賜物を得ようと熱心に努めなさい。そこで、私は最も優れた道をあなたがたに示そう」と言って、その最も優れた道というのが一三章一節以下に示されます。「愛の讃歌」と呼ばれているところです。そしてこの愛の讃歌は、「このように、いつまでも存続するものは、信仰と希望と愛と、この三つである。このうちで最も大いなるものは、愛である」（一三節）という言葉で終わっています。

ほぼ同じことが、しかし異なる視点からエペソ人への手紙で確認されます。これは聖書ではパウロが書いた手紙になっておりますけれども、私たちの間では、パウロ自身ではなくてパウロの思想を受け継いだ、パウロの弟子筋に当る人がパウロの名前で書いたものであると考えられています。

この手紙の中で「キリストの体」と「たてる」というのが一緒に出てまいります。エペソ人への手紙二章一四節以下、「キリストはわたしたちの平和であって、二つのものを一つにし、敵意という隔ての中垣を取り除き、ご自分の肉によって、数々の規定から成っている戒めの律法を廃棄したのである。それは、彼にあって、二つのものをひとりの新しい人に造りかえて平和をきたらせ、十字架によって、二つのものを一つの体として神と和解させ、敵意を十字架に架けて滅ぼしてしまったのである。それから彼は、こられた上で、遠く離れているあなたがたに平和を宣べ伝え、また近くにいる者たちにも平和を宣べ伝えられたのである。というのは、彼によって、わたしたち両方の者が一つの御霊の中にあって、父のみもとに近づくことができるからである。そこであなたがたは、もはや異国人でも宿り人でもなく、聖徒たちと同じ国籍の者であり、神の家族なのである」。「あなたがた」というのは「教会」だと思ってください。「またあなたがたは、使徒たちや預言者たちという土台の上に建てられたものであって、キリスト・イエスご自身が隅のかしら石である。このキリストにあって、建物全体が組み合わされ、主にある聖なる宮に成長し、そしてあなたがたも、主にあって共に建てられて、霊なる神のすまいとなるのである」。ここに「建てる」というのと「神のすまい」というのが続いて出てまいります。

あと一箇所だけ引用して終わります。エペソ人への手紙四章一一節以下、「そして彼（キリスト）は、ある人を使徒とし、ある人を預言者とし、ある人を伝道者とし、ある人を牧師、教師として、お立てになった。それは、聖徒たちをととのえて奉仕のわざをさせ、キリストの体を建てさせ、私たちすべての者が、神の子を信じる信仰の一致と彼を知る知識の一致とに到達し、全き人となり、ついに、キリストの満ちみちた徳の高さにまで至るためである」。「キリストの徳の高さ」という表現がここに始めて出てまいります。新共同訳では「キリストの満ちあふれる豊かさ」と訳されています。十字架に架けられたキリスト、一般の価値基準から言うと、最も貧相な存在が、最も豊かな存在だという、そういう逆説がこの背後にあるだろうと思います。「こうして、わたしたちはもはや子供ではないので、だまし惑わす策略により、人々の悪巧みによって起る様々な教えの風に吹きまわされたり、もてあそばれたりすることがなく、愛にあって真理を語り、あらゆる点において成長し、かしらなるキリストに達するのである。また、キリストを基として、全身はすべての節々の助けにより、しっかりと組み合わされ結び合わされ、それぞれの部分は分に応じて働き、体を成長させ、愛のうちに育てられていくのである」。要するに、教会員一人ひとりに与えられている役割は「キリストの体」としての「教会」をたてることにある、というのです。

苦難のキリストの形に似る

結論に移ります。まず、さきほどのボンヘッファーの日記から他のもう一つの文章を引用します。「見える教会は、この世との正しい出会いを通して、〈苦難のキリストの形〉（これはガラテヤ書四章の一九節に出てくる言葉です）に絶えず似るようになる」。

この世との出会いというのは、どういう立場に立ってもできます。しかし、教会人は、この世との出会いを通して「苦難のキリストの形に似る」ようになる、この点に教会人の課題がある、というのです。もちろん、完全に「苦難のキリストの形に似る」ということは、私たちにはとうてい不可能なことです。しかし不可能なことでも、神の子キリストの十字架に顕わされた神の力の支えによって、そうなっていくこと、自らを形成していくことが許されている。これがパウロの言う「神の恵み」ということだろうと思います。つまり神の恵みにあって教会をたてるというのは、苦難のキリストを信仰と愛と希望によって形づくるということです。したがって教会の建築という奉仕は、個々の信徒の霊的な成長のための労働でもある。これは表裏一体となっていて切り離せない。「教会をたてる」とは「教会員一人ひとりをたてる」ことである。こういう立場から私たちは「教会をたてる」という問題に関わっていきたいと私は希っています。

5 教会にたてられるために

〔聖書〕 ピリピ人への手紙三章二―一六節（口語訳）

はじめに

私どもの教会では、原則として第三聖日に牧師ではなく信徒がメッセージを伝え、皆さんと一緒に礼拝のあと話し合いをするという慣例になっております。今日は私が当番に当りました。じつは案内にもありますように、まぶね教会の夏期集会のテーマが「教会をたてる」というテーマになっています。夏期集会の委員からの申し出と役員会での了承を踏まえて、今日の懇談礼拝は夏期集会のテーマに添って話すようにということでありました。

ご存知の方もあると思いますけれども、一九八九年一〇月一五日、私がこの席で「教会をたてる」という題で話をいたしております。その話は、その後の話し合いに対する私の意見も含めて、「教会をたてる——再考」という題で、河本めぐみさんなどが中心になって作られたまぶね教会文集『教会——信仰と希望』にも収録されています。ここでまた同じことを繰り返すというのではまったく意味がありません。とはいっても、まったく違うことを話すというのは難しいことで、思い悩んでおりました。

向こうからの呼びかけ

ところで、『朝日新聞』の火曜日の夕刊に「余白を語る」というコラムがあることをご存知でしょうか。このコラムには比較的年長の方々がインタビューに答えて自らの人生の余白を語っていました。七月一二日付（一九九一年）のこのコラムに細見綾子さんという俳人の方が俳人としての境地を語っておられます。これを読んでいて、「よし、これで行こう」と思ったのです。それの後半を読ませていただきたいと思います。

死ぬということを別にすれば、年とって生きていくということは、とてもすてきなことだと思うんですよ。いろんなことが見えてきたり、わかったり、理解ができてすばらしいじゃないですか。年をとればとるほど発見があります。数年前に『存問』という句集を出しました（「存問」というのは、辞書によると、「問いをあらしめ続ける、問いを持ち続ける」という意味です）。存問というのは、いつも私がわからないところを人に問いかけていたからですけども、だんだん年をとってくると向こうが私を見つけてくれるような気がしだしたんです。自然が、というか人間を含めた対象が私に呼びかけてくれるという感じをもつようになりました。いままでだと私が探して、こっちへ引っ張ってきたんじゃが、今度は向こうが私を呼び寄せてくれる。そんな感じがするんです。朝起きても自然の、なんというかな、鳥が鳴いている、花が咲いている、そういうものに対する感じが深くなって、新鮮になって、ようやく森羅万象の中に自分が入っていけるような、私が捜して入っていくというよりも、向こうが私に呼びかけているんじゃないかと、横着な甘ったれた考えかもしれないと思いますけれど、そんな気がいたします。これも長く生きてきたお陰でしょう。

ヘルマスが見た幻

私は細見さんほど年をとっていませんが、この気持ちがわかると思ったのです。そして、この文章を読んですぐ思い出したのは、私が若い時に修士論文のテーマにいたしました『ヘルマスの牧者』という紀元後の二世紀の中頃にローマで書かれた一キリスト者の作品です。講談社から出ている『使徒教父文書』という、一世紀の終わりから二世紀ぐらいまでにかけて書かれたキリスト教の代表的な文書を集めた翻訳がありますが（現在は、荒井献編『使徒教父文書』講談社文芸文庫、一九九八年）、その中に私の翻訳で『ヘルマスの牧者』も入っておりますので、簡単に読むことができます。この時代のキリスト教の作品というのは、ほとんど聖職者が書いているのですが、これだけは例外で信徒が書いた作品です。しかも古代のキリスト教の文学ではたいへん珍しく、きわめて幻想的な小説風な作品です。

その中にこういう下りがあります。ヘルマスが、水の上に建てられつつある巨大な塔の幻を見ている。皆さん夢を見ていると思ってください。その塔はその中に運び込まれる一つひとつの石の積み重ねによって建てられつつある。そこにエクレーシア（ギリシア語で「教会」の意）と名乗る女性が現れた。この女性は現れた当時は老女であったが、だんだん塔が立つにつれて、乙女へと変身していく。このエクレーシアが、ヘルマスに建てられつつある塔について説明する。彼女によると、塔がその上に建てられている水は、洗礼の水を意味する。そして、石は一人ひとりの信徒を意味する。塔は終末の時に完成を待つ理想的な教会を表す。元来この女性エクレーシアは、建てられつつある塔、つまり教会（エクレーシア）に関してヘルマスに説明する役なのですけれども、最後に全き乙女に返って、塔と合体した。この塔は聖霊とも、神の子とも呼ばれる、と。なかなか意味深長な幻です。

教会にたてられる

今の私たちの置かれている時点で考え直してみますと、こういうことになるのではないか。つまり、建物としての教会は、受洗して信徒となった人間一人ひとりによって建てられている。が、人格化された教会に視点を移せば、人間は教会によって、教会の中に一人ひとりが信徒としてたて込まれている、ということになるのではないでしょうか。そういう認識を、このヘルマスはひとつの文学作品にしたのだと思います。つまり、教会をたてるというのは、教会によってたてられること。教会というたてる対象に呼び込まれて、信徒が教会の中にたてられるということ、そういうことが言えるのではないか、と思うようになりました。この教会にたてられるという視点が、私が二年前に「教会をたてる」という題でここでお話したときに、欠けていたと思います。

パウロの教会論といいますか、パウロの教会に関する考え方のなかに、直接このような文言、つまり、教会をたてるということは、教会にたてられることであるという文言を見出すことはできません。しかし、パウロの考え方のなかに今言ったことが前提されていると私は思います。

このことを意識して今日の聖書の箇所をもう一度読んでみたいと思います。全体がかなり長いですから、五節から読んでいきます。最初にパウロは、パウロに論争を挑んでいる人たちがもしこの世的な意味で誇りがあるならば、私にも誇るところがある、と言っている箇所です。「わたしは八日目に割礼を受けた者、イスラエルの民族に属する者、ベニヤミン族の出身（つまりイスラエルの一二部族の中でも、いちばん最初に紅海を渡ったといわれる、そういう意味で優れた民族とみなされていたベニヤミン族の出身）、ヘブル人の中のヘブル人、律法の上ではパリサイ人（律法を守る点では律法学者のエリート集団であったパリサイ人）、熱心の点では教会の迫害者（律法に対する熱心の点では、律法に批判的な教会に対して徹底的に迫害者となっていった）、律法の義については落ち度のない者である。しかし、わたしにとって益であったこれらのものをキリストのゆえに損と思うようになった。わたしは、さらに進んで、わたしの主キリスト・イエスを知る知識の絶大な価値のゆえに、いっさいのものを損と思っている」。

この八節の「わたしの主キリスト・イエスを知る知識の絶大な価値のゆえに」というところは、じつは意訳です。元来のギリシア語のテキストでは、「わたしの主キリスト・イエスを知る知識」というところが、「わたしの主キリスト・イエスの知識」となっています。「を知る」というところが「の」です。「主キリスト・イエスの知識の絶大な価値のゆえに」と。つまり、この知識ということをどう捉えるかによって翻訳の仕方が変わってくるのですが、この知識というのは私たちの口語訳聖書では、知る対象、知る目的になっています。「何々を知る知識の絶大な……」となっていますから、視点が求める方に置かれています。ところが、「わたしの主キリスト・イエスの知識」というのは「わたしの主キリスト・イエスがわたしたちに与えてくださった知識」というふうにも読めます。この場合はこの「の」というのは主格的属格になるのです。キリスト・イエスというのが知識の主格になる。私たちが知る知識、知る対象としての知識ではなく、キリスト・イエスが私たちに与えてくださった知識、ということです。口語訳聖書の翻訳が間違っているとは私は言いません。しかし、こういうふうに一方的に訳してしまいますと、一方の意味しか出てこないことになります。このことは、今まで私が言ってきたことと、これから言おうとしていることに関連しますので、あえて指摘しておきました。

そのあとも同じことが出てきます。「キリストのゆえに、わたしはすべてを失ったが、それらのものを、ふん土のように思っている。それは、わたしがキリストを得るためであり、律法による自分の義ではなく、キリストを信じる信仰による義、すなわち信仰に基く神からの義を受けて、キリストのうちに自分を見いだすようになるためである」。

ここも意訳なのです。とくに「キリストを信じる信仰による義」というのは、直訳すれば

「キリストの信仰による義」なのです。そして、「信仰」というのは元来「信頼」という意味です。あるいは「真実」という意味です。ですから、ここも主格的属格にとればキリストが私たちを信頼している、その信頼による義ととれます。私たちがどう考えようが、どういう状況にあろうが、いずれにしてもキリストが私たちに示してくれた信頼あるいは真実による義です。つまり、相手側からこちら側に与えられる真実ということです。そういう信頼にもとづく神からの義を受けて、キリストのうちに自分を見出すようになるためであると。つまり、この文脈では、パウロは自分の側から神を求めるという姿勢が転換されているのだということを前提して書いているのです。自分の功績によって、なんらかのかたちでも自分の努力によって、神の義を得るという、そういう生き方を捨てた、と。神からの義によって、人がどういう状態に置かれていようとも、その状態をそのまま丸ごと受け入れるという、そこに示された神の真実、神の人間に対する圧倒的信頼、それを受けて義とされるという、そういう思いがパウロにあるのだ、と私には思われます。ですから、私はここをはっきりと目的的に訳さないで、文字通りに「キリストの信仰」とか、「キリストの真実」というふうに訳しておいたほうがよいのではないかと思います。このあとの文脈でもパウロはキリストを追い求めつつも、キリストによって捉えられている、と言っているのですから。

先に進みます。「すなわち、キリストとその復活の力とを知り、その苦難にあずかって、その死のさまとひとしくなり、なんとかして死人のうちからの復活に達したいのである。わたしがすでにそれを得たとか、すでに完全な者になっているとか言うのではなく、ただ捉えようとして追い求めているのである。そうするのは、キリスト・イエスによって、捉えられているからである」。私はここにパウロの信仰にもとづく行動の真髄が出ているのではないかと思います。

キリストに捉えられる

キリストを捉えようとするその捉え方には多様性があります。それぞれの人が置かれているいろいろな具体的な状況の違いによって、その捉え方には多様性があります。教会を建築するということもキリストを捉えようとするひとつの業であるかもしれません。しかし、教会を建築するということだけがキリストを捉えようとする業ではありません。その多様性は認めるべきだと思います。いずれにしても、これらの多様性のなかの一致点は、キリストに捉えられているということです。あるいは、教会にたてられているということです。その教会は私たちの目に見える教会か否か、どういう姿であろうとも、教会はキリストの体なのですから。あるいは立原敬一さんが、さきに言及したまぶね教会文集に書いている言葉を使って言えば、「キリストに生かされている」ということです。これが一致点だと思います。そのような信仰にもとづく祈りを共にするということが共通の基盤になるのではないでしょうか。

じつはこの夏期集会の二日目、いちばん終わりの全体懇談会のあと、私たちの教会では初めての試みとして、かなり長い時間を取って祈りの時間をもつことにいたしました。初めての試みですから委員の方は心配しておられるだろうと思いますが、教会をたてるということと、祈るということは、切り離し得ない。そういう意味で私たちはいま、キリスト・イエスを捉えるということはキリスト・イエスによって捉えられているという実感をより確かなものとしたい。キリスト・イエスによって捉えられているという実感をより確かなものとすることができるのは、祈りによるのです。

祈りは、神に対する私たちの呼び掛けでありますが、しかしそれは元来、私たちへの神の呼び掛けに対する私たちの応答であるはずです。そういう意味でも、呼び掛けるということは、呼び掛けられているということに対する応答だという意味で、神と私たちの間には相互性があると思います。この応答が信仰者の行為として具体化されていく。行為には多様性がありますが、信仰は一つだということです。その一点で私はまぶね教会が信仰を共にする共同体だと信じています。私たちはキリスト、あるいはキリストの体としての教会の呼び掛けに応えて、教会にたてられるために教会をたてていくのです。

最後に私が訳したタイセン著『批判的信仰の論拠』（岩波現代叢書）の中から「アルプス体験」という挿話を引用してみたいと思います。

ある人が休暇をとって休養のために、雪で覆われたアルプスへ行く。（私は雪国の出身ですからこの話はよくわかるのです。）さしあたっては、アルプスの風景は彼にとって目的のための手段である。彼はこの風景が休養と気晴らしのために好条件を与えてくれるのを望んでいる。しかし、スキーを履いて人が足を踏み入れない雪景色の前に立ったとき、彼はある呼び掛けを感じる。それは雪の中に好き勝手なカーブをスキーで描くのではなくて、魅惑ある美しさをもった周囲の風景にマッチした美しい波のようなカーブを描くようにという呼び掛けである。以前に抱いていた期待は影をひそめ、色褪せたものとなる。いまやもっと正直に言わなければならないであろう。彼は周囲の自然が自分に寄せる期待を感じているのだと。アルプスの風景はすでに彼の関心を満たすための手段ではなく、むしろ彼自身が自分の関心もろとも風景の一部になってしまっている。その中で風景が自己を自覚し、自己を実現したがっているのだと。

これはさきほどの細見さんの「向こうが私に呼び掛けている」というのと同じ境地ではない

でしょうか。私たちの対象を捉えようとする、そういういわばポジティブな姿勢というのは、対象によって捉えられているというパッシブな姿勢を媒介にしないと、本当に対象を捉えることはできないということです。このパッシブな姿勢をとるということが回心ということです。つまり、イエスをキリストとして受け入れるということです。イエスをキリストとして受け入れるということがないと、イエス・キリストを人間としても理解できないということだろうと思います。そして、このことはなにもイエス・キリストだけに関わる問題ではありません。そうではなくて、自然そのものがそうなのです。ですから現在の環境問題も、私は聖書によって裏付けることができると思います。つまり、自然は私たちの関心を満たす手段になってはならない。自然の呼び掛けに応えるというかたちで、自然に関わらなければならない。否むしろ、私たちが自然そのものになりきることだと。そういう論理構造を私は聖書がもっているのではないかと思いました。ですから私は、タイセンの紹介する話に引っ掛けて言いますと、キリストの体としての教会の呼び掛けに応えて、まぶね教会というひとつのシュプールを描いてみたい。そのシュプールの描き方が私たちの知識の出しどころでしょう。しかし、中心はやはり呼び掛けに応える姿勢だろうと思います。

6　キリストの体としての教会

〔聖書〕コリントの信徒への手紙Ⅰ一二章一二―三一節（新共同訳）

はじめに

先月の第三日曜の懇談付礼拝で、柏井宣夫先生が旧約聖書のほうから教会をどういうふうに捉えられているかということをお話しになりました。それを受けて私が、新約聖書のほうから話すようにという依頼を受けました。今日選んだテキストは、コリントの信徒への手紙Ⅰの一二章の一二節以下であります。新約聖書では教会に関してはいろいろな捉え方があります。それぞれに特徴があり、意味があると思うのですが、やはり教会とは何かということを最も真剣に、しかも自らの宣教活動との関わりで捉えようとしたのは、パウロであろうと思われますので、今日はパウロの手紙を選びました。おそらく新共同訳聖書を持っていらっしゃる方が比較的多いのではないかと思いますので、いま司会者に読んでいただいた箇所を、もう一度新共同訳で読んでみます。新共同訳聖書のほうが、私には分かりやすいように思えたものですから。私たちの教会では口語訳聖書を使っておりますので、口語訳聖書を持っておられる方はそれを目で追いながら聞いてみてください。新共同訳聖書では小見出しがついていまして、この小見出しは「一つの体、多くの部分」となっています。

パウロの教会論

「体は一つでも、多くの部分から成り」、口語訳聖書では「肢体」となっています。肢体という言葉は比較的古い表現です。それで「部分」と訳し変えているのかもしれません。もともとのギリシア語はどちらにも訳せると思います。「体は一つでも、多くの部分から成り、体のすべての部分の数は多くても、体は一つであるように、キリストの場合も同様である。つまり、一つの霊によって、わたしたちは、ユダヤ人であろうとギリシア人であろうと、奴隷であろうと自由な身分の者であろうと、皆一つの体となるために洗礼を受け、皆一つの霊をのませてもらったのです。体は、一つの部分ではなく、多くの部分からなっています。足が、『わたしは手ではないから、体の一部ではない』と言ったところで、体の一部でなくなるでしょうか。耳が、『わたしは目ではないから、体の一部ではない』と言ったところで、体の一部でなくなるでしょうか。もし体全体が目だったら、どこで聞きますか。もし全体が耳だったら、どこでにおいをかぎますか。そこで神は、御自分の望みのままに、体に一つ一つの部分を置かれたのです。すべてが一つの部分になってしまったら、どこに体というものがあるでしょう。だから、多くの部分があっても、一つの体なのです。目が手に向かって『お前は要らない』とは言えず、また、頭が足に向かって『お前たちは要らない』とも言えません。それどころか、体の中でほかよりも弱く見える部分が、かえって必要なのです。わたしたちは、体の中でほかよりも恰好が悪いと思われる部分を覆って、もっと恰好よくしようとし、見苦しい部分をもっと見栄えよくしようとします。見栄えのよい部分には、そうする必要はありません。神は、見劣りのする部分をいっそう引き立たせて、体を組み立てられました。それで、体に分裂が起こらず、各部分が互いに配慮し合っています。一つの部分が苦しめば、すべての部分が共に苦しみ、一つの部分が尊ばれれば、すべての部分が共に喜ぶのです。あなたがたはキリストの体であり、また、一人一人はその部分です。神は、教会の中に、いろいろな人をお立てになりました。第一に使徒、第二に預言者、第三に教師、次に奇跡を行う者、その次に病気をいやす賜物を持つ者、援助する者、管理する者、異言を語る者などです。皆が使徒であろうか。皆が預言者であろうか。

皆が教師であろうか。皆が奇跡を行う者であろうか。皆が病気をいやす賜物を持っているだろうか。皆が異言を語るだろうか。皆がそれを解釈するだろうか。あなたがたは、もっと大きな賜物を受けるよう熱心に努めなさい。」

新共同訳聖書ではここで、この段落を終えています。そして新しい段落に入って、三一節の後半から、新しく「愛」という小見出しで、「そこで、わたしはあなたがたに最高の道を教えます」となって、行を変えないで一三章の一節以下に繋がっております。

どこで行を変えて区切るかというのは、――ギリシア語原文では行を変えるということはしなかったものですから――翻訳者の解釈によるものですね。おそらく私も三一節の後半から新しいパラグラフに入ると見たほうがいいだろうと思います。ついでですが、この節とか章というのは、これは中世についたのでして、元来はベタッとしていて、何もなかったわけです。ですから、節とか章というのも全部解釈によります。この箇所に関するかぎり、新共同訳のほうが分かりやすいと思いますし、翻訳も正確ではないかと思います。

違いを前提として

さて、パウロは教会と教会員との関係をキリストの体とその体を形成する肢体、ないしは各部分との関係として捉えております。これが、教会を考える場合、旧約聖書と新約聖書の決定的な違いです。いわば、この身体的共同体論とでもいうような議論をパウロはここで展開しているのだと思います。そしてこのテキストは二つの部分からなります。これも新共同訳でははっきりしていますけれども、一二節から二六節まで、新共同訳聖書ではここで行が変わっております。二七節から新しい段落に移っております。口語訳聖書ではその移りがありません。ずっと続いております。ですから第二部は二七節から三一節の前半ということになるだろうと思います。

そして第一部、これはまさに新共同訳聖書の小見出しにありますように、「一つの体、多くの部分」ということを、ここでパウロは教会論との関係で書いていると考えていいのではないでしょうか。そしてそこで言わんとしていることは、各部分に差異がある、違いがあるということを前提とし、そしてその差異は消えないということを前提として、体、とりわけキリストの体にあって各部分の差別はないということです。ここではっきりと差異と差別というのを分けたほうがいいだろうと思います。冒頭に、新共同訳でみますと、一三節「一つの霊によって、わたしたちは、ユダヤ人であろうと、ギリシア人であろうと、奴隷であろうと自由な身分の者であろうと、皆一つの体となるために洗礼《バプテスマ》を受け、皆一つの霊をのませてもらったのです」。

つまり霊という本質を共有することによって、それぞれ差異をもっている各部分は、平等であると、そういう「場」のモデルが教会であるというふうに、まず最初にパウロは言っているのだと考えていいだろうと思います。

男女平等をめぐるパウロの変化

「ユダヤ人であろうとギリシア人であろうと」というところは、これは民族的な差異ですね。それから「奴隷であろうと自由な身分の者であろうと」というのは、これは社会的な差異ですね。ただここで、おそらくパウロの限界と思われることを一つあげておきますと、ここに男と女が入っていないことです。

ガラテヤの信徒への手紙三章二八節を見てください。二六節から読みますと、これは、いまのコリント第一の一二章一二節以下と類似している箇所なのです。表現も思想も類似していいます。「あなたがたはみな、キリスト・イエスにある信仰によって、神の子なのである」。これは口語訳聖書の訳なのですが、「キリストに合うバプテスマを受けたあなたがたは、皆キリストを着たのである」。このあとです。「もはや、ユダヤ人もギリシア人もなく、奴隷も自由人もなく、男も女もない。あなたがたは皆、キリスト・イエスにあって一つだからである」。これは新共同訳聖書でも「一つ」と訳されていますが、正確には「一人」です。男性名詞の単数になっています。「もしキリストのものであるなら、あなたがたはアブラハムの子孫であり、約束による相続人なのである」。二八節では明らかに、この信仰共同体においては、キリストの体を共有する者においては、民族的差別、社会的差別、それから性的差別はありえないとこう言っているところなのです。最初期キリスト教の成立しつつある教会においては、三つのレベルでの差別は止揚されたということです。つまり民族的、それから社会的、そして性的。ところがですね、本格的教会論を展開しようとするコリント第一の手紙の一一章で、パウロはこの「男も女もない」というのを落としてしまったのですね。言っておきますけれども、パウロも神様ではありませんので、信仰の証し人であって人間でありますから、やはり時代的な制約があると考えるべきだろうと思います。そうでなければ、どうしてコリントでは男と女を落としたのかということが理解できません。ガラテヤのほうにはあるのに、です。

妻が先か、夫が先か

これに関連して非常に興味深い点は、同じコリントの手紙のいちばん最後の箇所を見てください。一六章の一九節です。ここでパウロは最後に挨拶を送っています、ほかの教会に。「アジアの諸教会から、あなたがたによろしく」と。パウロはコリントの信徒への手紙をエペソで書いています。ですから「アクラとプリスカとその家の教会から、主にあって心からよろしく」と。エペソでパウロはアクラとプリスカと一緒だったということがわかります。コリントの教会に、アクラとプリスカとその家の教会から、主にあって心からよろしくと挨拶を送っております。このアクラとプリスカというのは有名な初期キリスト教におけるキリスト者夫婦です。夫婦としてつねにカップルで名をあげられる人たちです。アクラとプリスカが代表者となっている家で開かれた集会が教会であったということがよくわかります。最初期の教会は各個人の家で行われたわけですから、そのこともよくわかります。

ところがですね、ローマの信徒への手紙のいちばん最後のところを見てください。ローマ人への手紙一六章三節です。「キリスト・イエスにあるわたしの同労者プリスカとアクラとに、よろしく言ってほしい」とあります。順序が逆になっています。プリスカとアクラというのは、プリスカというのが妻で、アクラのほうが夫なのです。プリスカとアクラと言って、しかもこのプリスカというのは、使徒言行録を見ると、ほとんど例外なく、プリスキラ（＝プリスカ）とアクラ、と出てくるのですね。つまり女性のほうが先に言われて、男性のほうが後に言われている。これは古代においては非常に珍しいのです。現代においても、最近はときどき、結婚式をしたあと、通知をいただくと、「私たちは結婚しました……」のあとに名前があるときに、妻のほうが先に書かれているのが比較的多いようです。少なくとも僕のところに送ってくる手紙には多いのです。しかしこれは、現代の日本でもかなり例外的だと思うのですけれども、まして古代においては、妻のほうが先に名前を挙げられ、夫のほうが後に挙げられるというのはたいへん珍しい。一般的にはですね、古代においては妻が自由人で、そして夫がかつて奴隷であった場合、つまり妻が解放奴隷と結婚した場合、妻のほうが先に名前を挙げられるのがだいたい習慣化しておりました。それは古代の墓碑名を見ると分かるのです。しかし、ここで登場する「プリスカとアクラ」のアクラというのが、かつて奴隷であったということはまったく考えられません。それから奴隷には奴隷的な名前が非常に多い。アクラはそうではないですから、これはどうみてもプリスカのほうがアクラよりは宣教者として評価されていたと考えざるをえないのです。

宛先きの教会事情

時間がありませんから、使徒行伝は見ませんけれども、使徒行伝ではプリスキラのほうが宣教しているのですね。これは荒井英子と荒井献のようなものです。彼女のほうが牧師でありますので、われわれも英子と献という順序で呼ばれなければいけないと思うのですけれども。それはともかく、これが原始キリスト教、最初期のキリスト教において、このふたりの夫婦を呼ぶ際の一般的な呼び方でありました。

それを、コリント教会に宛てた手紙、つまりコリントの第一の手紙に関するかぎり、パウロは逆転してしまうのです。「アクラとプリスカ」というふうに。これはやはり事情があったからなのです。コリント第一の手紙を全部読めばわかりますけれども、パウロからみると突出した女性に対して文句をつけているのが、このコリント第一の手紙なのです。あの有名な「女は礼拝に出る時に、かぶりものを被らなければならない」と言っているのは、一一章でありますし、それから、女は教会で黙っておれ、何か聞きたいことがあったら、家に帰ってから夫に聞けというのは、一四章のほうです。つまりコリント教会では、かなり女性が男性よりも強い立場にあったのではないかと想像されます。これがおそらく教会の分裂の一つの原因になったのではないかと思うのです。それに対してパウロがものすごい牧会的配慮で手紙を書いている。ですから、パウロはこの時代の社会的な秩序を守っているのです。それで「プリスカとアクラ」の関係まで逆にして書いているのですね。

教会を牧会するときに、パウロという人はそれほど気をつかったのです。しかし、そういうパウロの配慮を、歴史的なコリント教会における事情をまったく無視して――パウロの手紙のなかでもコリントの信徒への手紙はたいへん有名なものですから――これを教義的に捉えて、男が先で女が後だというふうに考えるのは、これは間違っていると思います。あのガラテヤの信徒への手紙では、パウロは「男も女もない」と言っているのですから。つまりパウロは、自分の宛てる教会の事情を考えて手紙を書いている。ですから問題は、何が本質で、何がそれに従属するものかということを読み取っていく必要があると思います。いずれにしましても、ここでは男と女というのは書いていませんけれども、元来ならば書くべきだっただろうと思います。ですからキリストの体にあって、差別はない。この場合、民族的、社会的、それから性的な差別は、キリストの体としての教会ですでに越えられているということです。

パウロの理想共同体

そのあとの文章でとりわけ強調されているのは、弱者に対する強者の配慮ということです。逆からいいますと、強い者による弱い者に対する差別への警告です。そして非常に有名な箇所ですが、一二章の二五節以下に、「それは、体の中に分裂がなく、それぞれの肢体が(部分が)互いにいたわり合うためなのである。もし一つの肢体が悩めば、ほかの肢体もみな共に悩み、一つの肢体が尊ばれると、ほかの肢体もみな共に喜ぶ」とあります。この悩むというのは、口語訳聖書では「苦しむ」と訳されています。日本語として「苦しむ」という訳を採用いたしますと、ここではまさに、共苦、共に苦しむ、共喜、共に喜ぶ共同体をパウロは理想として掲げていたということがわかります。教会を形成する教会員が共に、強いものは弱いものに対する充分ないたわりの気持ちを持ち、そして一人が苦しんでいるときには一緒に苦しみ、一人が喜んでいるときには一緒に喜ぶという。とくに共に苦しむということはよく言われますけれども、共に喜ぶというのはあまり言われません。喜びの共有ということもやはり共同体では非常に大切な要素ではないかと思います。教会というのはどちらかというと深刻になり過ぎますので。

ところがここでも、残念ですけれども、いまこのテキストを読むかぎり、コリント人への第一の手紙の一二章においては、共同体外の弱者に対する共感あるいは共苦に関しては言及されていないのです。これも私はパウロの、先の男女問題と同じような一つの限界だったのではないかと思います。つまり共同体を強めるために、共同体の外に対して共同体が自らを開くという姿勢は、少なくともパウロには、はっきりと認めることができません。

ローマ人への手紙一二章三節以下を見てください。ここでもパウロはほとんど同じことを言っています。口語訳で読みますと、「わたしは、自分に与えられた恵みによって、あなたがたひとりびとりに言う。思うべき限度を越えて思いあがることなく、むしろ、神が各自に分け与えられた信仰の量りにしたがって、慎み深く思うべきである。なぜなら、一つのからだにたくさんの肢体があるが、それらの肢体がみな同じ働きをしてはいないように、わたしたちも数は多いが、キリストにあって一つのからだであり、また各自は互いに肢体だからである」。ほとんど同じですね。「このように、わたしたちは与えられた恵みによって、それぞれ異なった賜物を持っているので、もし、それが預言であれば、信仰の程度に応じて預言をし、奉仕であれば奉仕をし、また教える者であれば教え、勧めをする者であれば勧め、寄付する者は惜しみなく寄付し、指導する者は熱心に指導し、慈善をする者は快く慈善をすべきである。愛には偽りがあってはならない。悪は憎み退け、善には親しみ結び、兄弟の愛をもって互いにいつくしみ、進んで互いに尊敬し合いなさい。熱心で、うむことなく、霊に燃え、主に仕え、望みをいだいて喜び、艱難に耐え、常に祈りなさい。貧しい聖徒を助け、努めて旅人をもてなしなさい」。

ここまでは、明らかに共同体内の助け合いのことを言っています。

教会内から教会外へ

その後に、これを越えていく視点が、私にはあるように思われます。「あなたがたを迫害する者を祝福しなさい。祝福して、のろってはならない。喜ぶ者と共に喜び、泣く者と共に泣きなさい。」これは一四節の前半に、「あなたがたを迫害する者を祝福しなさい」というのがあるものですから、迫害する者というのは、共同体外の者ですね。そのあとで、「喜ぶ者と共に喜び、泣く者と共に泣きなさい」とありますので、これはけっして共同体内の同じ信仰の者だけの問題として捉えているのではないと思います。さらに、「互いに思うことをひとつにし、高ぶった思いをいだかず、かえって低い者たちと交わるがよい。自分が知者だと思い上ってはならない。だれに対しても悪をもって悪に報いず、すべての人に対して善を図りなさい」。これはすべての人です。教会内部に限られたことではありません。「あなたがたは、できる限りすべての人と平和に過ごしなさい。愛する者たちよ。自分で復讐をしないで、むしろ神の怒りに任せなさい」と。つまりこのローマ人への手紙は、共同体内の問題から外の問題へと自分の視点を移していく可能性を宿しているのではないかと私は思います。さきほどのプリスカとアクラのこともローマ人への手紙に出てくるものですから。つまり妻を先に呼んで、夫を後に呼ぶということです。

いずれにしましても、ご記憶の方もいらっしゃると思いますけれども、七年前の一九八九年、一〇月一五日の懇談付礼拝で、私は「教会をたてる」という題でお話しております。これは一部の人にひんしゅくをかいました。まだ教会建築の機が熟していないのに、「教会を建てる」ということで話すのは早すぎるのではないかと。しかしこの時には、「教会をたてる」とひらがなで書いておりまして、建築の建という字で書いていなかったのですね。それはむしろ精神的な意味で、「教会をたてる」ということにポイントを置いて話したつもりだったのです。

しかしかなり誤解を招いた。また、誤解を招く責任も私にあったと思います。そのなかで、ボンヘッファーという有名なドイツの牧師兼神学者——彼は第二次世界大戦のナチス政府のイデオロギーおよび政策に対して断固反対し、捕えられて解放の直前に獄死しております——が獄中で書いた獄中日記の一部を引用しました。「教会は、他者のために存在するときにだけ教会である。新しく出発するためには、教会は全財産を窮乏している人々に贈与しなければならない。牧師はただ教会員の自由意志による献金によってのみ生活し、場合によっては、この世の職業に就かなければならない」。これはドイツではものすごくラディカルな発言です。ドイツでは牧師は国家公務員ですから。「教会は人間の社会的な生活のこの世的な課題に対して支配しつつではなく、助けつつ、そして仕えつつ与からなければならない。教会は、あらゆる職業の人々に、キリスト教に生きる生活は何であり、他者のために存在するということは何を意味するかを告げ知らせなければならない」。この場合も「他者」というのは教会を越えた他者のことを言っております。ボンヘッファーは、パウロの手紙をものすごく大切にした牧師でしたから、やはりパウロの言わんとしたことの本質をこの時代の現実に活かして発言したと私は考えます。私たちもそうありたいと、少なくとも私はそう思います。

パウロの愛の讃歌と十字架のキリスト

第二部に移りますと、コリントの信徒への手紙Ⅰ一二章二七節以下です。ここで冒頭からキリストの体としての教会という用語が出てきます。しかしここではとくに、教会員の中でそれぞれ異なった賜物を持っている、つまり賜物そのものに差異があっても、本質的には差異はないと、差別はない、あってはならない、ということを強調していると思います。

そして最後に、口語訳聖書では、「そこで、わたしは最もすぐれた道をあなたがたに示そう」と言っております。そして口語訳聖書では一三章に移るわけですね。新共同訳聖書ではこの句が一三章の中に含まれています、冒頭に。そのほうが一三章で言わんとすることがよくわかるだろうと思います。最も優れた道というのは、一三章全体を示しているのですね。一三章というのは、まさに愛の讃歌でして、いちばん最後のところに、「このように、いつまでも存続するものは、信仰と希望と愛と、この三つである。このうちで最も大いなるものは、愛である」と言って一三章を閉じています。ですからこの異なる賜物を貫いて、最も大いなる優れた本質というのは、これは愛以外ない、とパウロは言っていると思われます。

さて、パウロが「教会はキリストの体である」といった場合、今までは「体」のほうに視点をおいて話してきたのですが、ここで「キリスト」について確認しておきたいと思います。これは、パウロにとっては徹頭徹尾、十字架につけられたキリストなのです。同じコリント人への第一の手紙一章の二三節に、はっきり書いております。「わたしたちは、十字架につけられたキリストを宣べ伝える」と。これ以外ではない。この「十字架につけられたキリスト」というのが、いままで私がお話してきたコンテキストで言い直しますと、共に苦しむことの根源であろうと思います。パウロは、教会共同体というのが共に苦しみ、共に喜ぶ、そういう場であるということを説いています。その場合の共に苦しむことの根源は、この世において最も徹底して苦しみの極みを経験した、つまり十字架につけられたキリストである、ということだろうと思います。そして、この十字架のキリストを私たちの、いわば生活の根源に置くということが喜びになる。そういう意味において、苦しみから喜びへ、これが古典的には復活ということばで言い表されておりますけれども、喜びの根源をキリストの復活というふうに考えていいのではないかと思います。

その場合の「喜び」を「平和」に置き換えてもいいだろうと思います。つまり、十字架につけられたキリストは共苦の根源であるとともに、平和の根拠である、と。そしてそのことを展開しているのがエペソ人への手紙二章一六節以下です。エペソの信徒への手紙と新共同訳では訳されておりますけれども、これはパウロ自身が書いたものであるということが疑われております。しかしパウロの思想に非常に強い影響を受けた、おそらくパウロの弟子筋の人がパウロの名によって書いたものだろうと思います。ここで二章の一四節以下、「キリストはわたしたちの平和であって、二つのものを一つにし、敵意という隔ての中垣を取り除き、ご自分の肉によって、数々の規定から成っている戒めの律法を廃棄したのである。それは、彼にあって、二つのものをひとりの新しい人に造りかえて平和をきたらせ、十字架によって、二つのものを一つのからだとして神と和解させ、敵意を十字架にかけて滅ぼしてしまったのである」と。これはまさに、平和の根拠が十字架にかけられたキリストだということの考え方の展開だろうと思います。

同じく四章の一一節以下を見てください。「そして彼は、ある人を使徒とし、ある人を預言者とし、ある人を伝道者とし、ある人を牧師、教師として、お立てになった。それは、聖徒たちをととのえて奉仕のわざをさせ、キリストの体を建てさせ、わたしたちすべての者が、神の子を信じる信仰の一致と彼を知る知識の一致とに到達し、全き人となり、ついに、キリストの満ちみちた徳の高さにまで至るためである」。この「徳の高さ」というのは、直訳すれば、「豊かさ」になりますけれども、キリストの満ちみちた豊かさにまで至るのである、と。どうも日本の聖書翻訳者は、徳ということばが好きですね。しかし徳というようなギリシア語は、少なくとも新約聖書にはあまり出てこない概念です。

それは別として、ここでは、「キリストの体を建てる」という用語法が出てまいります。この場合「建てる」と訳されている元の言葉は、精神的な意味と、具体的に建築するというのと両方があります。要するに私が結論として言いたいのは、キリストの体としての教会をたてるということは、教会員ひとりひとりが信仰と愛によって自らをたてることと同義にならないと意味はないということであります。

7 信仰告白とは？――「使徒信条」をめぐって

〔聖書〕ローマ人への手紙一〇章九―一〇節（口語訳）

お手元に今日の話の「要約」と「日本基督教団信仰告白」と「ニカイア信条」のコピーが渡っていますでしょうか。

仙台の教会から転会された本島智子さんから「どうしてまぶね教会では礼拝のときに使徒信条を唱和していないのか」という質問が出されました。このことをきっかけに、「使徒信条について今年度内に勉強する機会をもつ」ということが昨年の総会で確認されました。年度も押しつまり、私に担当するようにと役員会で決まりましたので、説教を兼ねた発題を引き受けました。私が引き受けました理由は、一つには私が少なくとも柏井宣夫先生よりは長くまぶね教会に在籍していて、まぶね教会の歴史を比較的長く体験しているということと、もう一つは使徒信条の成立の歴史的な経過に関して比較的に詳しいということにあると了解しています。

使徒信条は「古ローマ信条」に始まる

「日本基督教団信仰告白」の最後のパラグラフに「我は天地の造り主」から始まる「使徒信条」の本文があります。まぶね教会ではこれを唱えたことはほとんどありません。初めての方もいらっしゃるかもしれませんので読んでみましょう。

「我は天地の造り主、全能の父なる神を信ず。我はその独り子、我らの主、イエス・キリストを信ず。主は聖霊によりてやどり、処女マリヤより生まれ、ポンテオ・ピラトのもとに苦しみを受け、十字架につけられ、死にて葬られ、陰府にくだり、三日目に死人のうちよりよみがへり、天に昇り、全能の父なる神の右に坐したまへり、かしこより来りて、生ける者と死ねる者とを審きたまはん。我は聖霊を信ず、聖なる公同の教会、聖徒の交はり、罪の赦し、身体のよみがへり、永遠の生命を信ず。アーメン。」

これが使徒信条の本文です。この本文が確定したのは紀元後八世紀のことです。原文はラテン語です。この使徒信条のことはラテン語でSymbolum　Apostolicumと言います。直訳すれば「使徒的信条」となります。信条の内容が使徒の教えにふさわしいという意味で、「使徒的である信条だ」ということです。これは紀元後五世紀以来、伝統的に十二使徒に由来すると言われてきました。とくにカトリック教会などでは、今でもそのように信じています。五世紀頃にはこれはSymbolum Apostolorumと呼ばれていました。Apostolorumというのは「使徒」の複数属格形です。この「使徒たちの信条」という場合の「使徒」とは「十二使徒」です。「十二使徒たちの信条」つまり「十二使徒たちが作った信条」という意味です。この頃の代表的な神父であり神学者であったルフィーヌスという人物の書いたものによりますと、「使徒たちが聖霊を受けたのち（使徒行伝二章一節以下に聖霊降臨の記事があります）、宣教に遣わされる前に使徒の一人ひとりがこの条文を作成した」とあります。これが五世紀以来教会の中で伝承され、それが事実だと信じられてきました。

その元のかたちはすでに紀元後二世紀後半に成立し、それは「Romanum」と言います。日本語では「古ローマ信条」と訳されています。さきほど配りました使徒信条の中で［ ］を用いてある箇所［天地の造り主］［苦しみを受け］［死にて］［陰府にくだり］［全能の］［なる神］［公同の］［聖徒の交はり］［永遠の生命］は古ローマ信条にはまだありません。八世紀までの間に付け加えられてきた箇所です。これを見ても、使徒信条は二世紀頃からだんだんに書き加えられ、八世紀頃にその条文が確定した、ということがわかります。

カトリック教会はもちろんですが、プロテスタント教会でも宗教改革者のルター以来、洗礼志願者に課された『教理問答書』があります。ドイツなどのヨーロッパのキリスト教世界では（現代は少し違ってきましたが、中世以来ごく最近まで）生まれたらすぐに洗礼を受けます。幼児洗礼です。洗礼を受けなければ市役所に登録できませんでした。最近でも八五パーセントは幼児洗礼を受け市役所に登録しています。一四歳になると堅信礼（日本での洗礼にあたります）を受けます。堅信礼を受けるために学校でキリスト教の教理、聖書に関する授業がありま す。その試験に落ちると堅信礼は受けられません。（堅信礼は成人式と同じなのです。東ドイツと西ドイツが分かれていた頃には、東ドイツではキリスト教を国家的宗教から外していたので、西ドイツの堅信礼と同じ日に成人式をしていたのです）。「教理問答」と呼ばれる試験に合格するために『教理問答書』による授業があり、この書の根幹として、その基礎になるものとして、プロテスタント教会でも初めから使徒信条を受容しました。そして、堅信礼を受けて成人した者は教会に集った際に礼拝ごとにこれを唱和してきたのです。

日本基督教団では一九五四年に「日本基督教団信仰告白」を制定しました。そのいちばん最後に使徒信条がきています。使徒信条は教団信仰告白の末尾に置かれ、多くの教会では使徒信条をふくむ教団信仰告白を、あるいは少なくとも使徒信条だけは、礼拝で唱和しているのが普通です。私は他の教会に招かれて説教に行くことがありますが、使徒信条や教団の信仰告白を唱えない教会は珍しいです。私は秋田県出身ですから東北の教会に招かれることが多いのです。とくに奥羽教区などでは教団信仰告白は金科玉条で、かならず初めから終りまで唱えます。私の父は長い間、教区長をしていましたから、それにあずかって力があったと思います。使徒信条はともかくとして、率直に言いますと、私は教団の信仰告白は全面的に賛同をもって唱えることができません。使徒信条は讃美歌の五六六番に出ています。主の祈りのあとにモノトーンですが歌うようになっています。私はまぶね教会に転会する前は、麻布南部坂教会に所属していました。麻布南部坂教会では節をつけて使徒信条を朗誦していました。まぶね教会ではこれを一緒に唱えていないのですから、やはり非常にめずらしい教会だと思います。他の教会から転会された方は奇異に感じられて当然だと思いますし、一度はこのことに関する説明があってしかるべきだろうと思います。そういう意味で、本島さんに感謝しています。

使徒信条はなぜ成立したのか

要約の「I」から「II」の順序で私の考えを述べたいと思います。「I」は使徒信条の成立事情とその機能です。機能、つまりどういう役割を果したかということです。

「I」の（1）に入ります。使徒信条の全文が新約聖書までさかのぼらないということは読んですぐ気づかれたと思いますが、その中核的な部分、すなわち「父なる神」「子なるキリスト」「聖霊」が信仰告白の対象になっているところは新約聖書の伝承にさかのぼります。さきほど司会者に読んでいただきましたローマ人への手紙の一〇章九節はよく引き合いに出されます。この箇所は使徒信条の核心といわれています。いちばん古い出発点です。「自分の口で、イエスは主であると告白し、自分の心で、神が死人の中からイエスをよみがえらせたと信じるなら、あなたは救われる」。「よみがえらせた」と意訳していますが、私たちが岩波から出した翻訳では「起こした」と直訳してあります。「よみがえらせる」というのは、復活という信仰がはっきりできてから出てきた用語です。もともとは「神が起こす」という非常に単純な動詞を使っていました。そういう意味でも古い時代にさかのぼる信仰の告白だと言われます。つまり、イエスと（間接的ではありますが）神に対する信仰の告白です。一〇節「なぜなら、人は心に信じて義とされ、口で告白して救われるからである」。

よく話題になるのですが、キリスト教主義の学校でクリスチャンの教師を集めることは非常に難しく、大学の理事会では候補者を出すと、かならず「その人はクリスチャンですか？」と聞かれます。国際キリスト教大学（ＩＣＵ）では、少なくとも建て前は全員クリスチャンの先生だということになっています。ＩＣＵではクリスチャンでないと採用できないということになっています。そして、ローマ書の一〇章九節の内容、つまり「自分の口で、イエスは主であると告白し、自分の心で、神が死人の中からイエスをよみがえらせたと信じる」を受け入れるならば、それだけでクリスチャンであるということなのです。候補者は「受け入れます」と言うのでしょうが、現実は、かつて教会学校に行っていたとか、伴侶がクリスチャンであるとか、大学時代に教会に二、三回行ったという人が多いようです。

つぎはピリピ人への手紙二章一一節「また、あらゆる舌が、『イエス・キリストは主である』と告白して、栄光を父なる神に帰するためである」。ここでも「イエス・キリストは主である」という告白と「栄光を神に帰する」というのがあります。

「父」「子」「聖霊」が出てくるのは、少なくとも新約聖書ではコリント人への第二の手紙一三章一三節です。これは礼拝の最後の祝祷の中核的な部分になっています。「主イエス・キリストの恵みと、神の愛と、聖霊の交わりとが、あなたがた一同と共にあるように」と。「キリスト」「神」「聖霊」がここで一緒になって出てきます。これが使徒信条の三つの条項の核心になっているということです。マタイによる福音書二八章一九節、復活のキリストが弟子たちを世界伝道に派遣する箇所で、「それゆえに、あなたがたは行って、すべての国民を弟子として、父と子と聖霊との名によって、彼らにバプテスマを施し」とあります。これは洗礼式のときに牧師が唱えられる文言の中に入っています。その他の条項も大半は新約聖書の諸文書に部分的にさかのぼります。

しかし他方、古ローマ信条にはまだ採用されていない条項もあります。たとえば「陰府にくだり」というのは、聖書ではペテロ第一の手紙三章一九節、四章六節に出てくる考え方ですが、この「陰府にくだり」というのは、かなり遅く使徒信条に採用されたのです。

使徒信条での最後の部分の教会に対する信仰の告白も、もちろんそのままの形では新約聖書には出てきません。「教会はキリストの体である」というのはパウロが繰り返し言っていることですが、教会それ自体が信仰告白の対象となるというのは、新約聖書の中ではまだありません。「聖なる公同の教会」の場合の「公同の」というのは、あとでもふれますが「ekklēsia katholikē」というギリシア語で「カソリックチャーチ」という意味です。「カソリック」というのは元来「普遍的」とか「公同の」という意味です。しかし、この条文が成立した頃は、これはカトリック教会に対する信仰の告白なのです。プロテスタント教会では（このままでは）都合がわるいですから「公同の」とか「普遍的」と訳し直しているのです。しかも、それがそのまま「聖徒の交わり」と言われています。ここには、「信徒」のことを「聖徒」と呼び、「信徒以外は聖徒ではない」という自意識がはっきり出ています。しかし、この文言も古ローマ信条の段階ではありませんでした。

要するに、各条項を統合し「信条」の本文を制定した信仰の理念は、二世紀から八世紀におけるローマカトリック教会の「正統」信仰に対応していたということです。

グノーシス派との対立

(2)に入ります。二世紀の後半において、イエスを「キリスト」「主」「神の子」と告白しない「異端」に対して、「正統」の信仰を護るために制定されたのが、古ローマ信条です。このいわゆる「異端」の考え方は、新約聖書ではヨハネの手紙のなかにはっきりと確認されます。ヨハネ第一の手紙二章二二節「偽り者とは、だれであるか。イエスのキリストであることを否定する者ではないか。父と御子とを否定する者は、反キリストである」。四章二節、三節「あなたがたは、こうして神の霊を知るのである。すなわち、イエス・キリストが肉体をとってこられたことを告白する霊は、すべて神から出ているものであり、イエスを告白しない霊は、すべて神から出ているものではない。これは、反キリストの霊である」。ここで反駁されている異端は、おそらくグノーシス派であろうと思われます。

グノーシス派は私の専門領域です。私が書いたものでいちばんわかりやすいのは『トマスによる福音書』（講談社学術文庫）です。一九四五年に発見されたトマスによる福音書、これはグノーシス派の立場から書かれた福音書です。私の本には翻訳と注解とグノーシス派の歴史的な位置づけが書かれています。詳しくはそちらを参考にしてください。ここでは必要なかぎりのことを言います。

グノーシス派は、人間イエスと至高神（これは創造神を越える、創造神よりも上位にある究極的な存在です。宇宙を越えるいちばん究極的な存在です。最も高い存在として「至高神」としました）から遣わされたキリスト（主とも神の子とも呼ばれます）を区別し、霊なるキリストが肉なるイエスに入ってはじめてイエス・キリストとなったと説きます。イエスがヨルダン川でヨハネから受洗したときに聖霊が降り（そのとき、「わが愛する子」という声が天から聞こえた、とあります）、そこで人間であるイエスに至高神から遣わされたキリストが入り、イエス・キリストとなったと説く場合が多いのです。この世と肉体を造った創造神（創造主、父なる神と告白されている対象です）は、人間の霊魂を人間の肉体あるいはこの世に閉じ込めた悪神だと。至高神は、人間をこの世性から解放し救済するために、その子なるキリストをこの世にイエスの肉をとって遣わしたというのです。

それに対して、イエスとキリストとの一体性を、ヨハネ第一の手紙の著者は訴えているのです。イエスとキリストとの一体性というのは、神の言葉そのものが肉体となったということです。そういう意味で、信条の根本にある思想は、福音のもつ身体性、あるいはこの世性（現代的にいえば社会性）への射程を保持し、それを身体性や社会性から切り離してはならないことを告白したかぎりにおいては、私は一定の意味をもつと思います。グノーシス派の立場からですと、人間の肉体・身体とか、この世的事柄（地位とか名誉だけではなく、およそこの社会に関わるいっさいの事柄）は本質的なことではない。本質的なことは人間の霊魂に関わる問題であって、この世から超越して生きることが正しい生き方だと考えられていくようになっていきます。霊魂のほうに強調点を置きすぎるためです。もっとも、このグノーシス派にマイナス的な面だけがあるわけではなく、大江健三郎さんなどはトマスによる福音書をすっかり気に入っています。そういう現代的な読み方もあります。トマスによる福音書はとくに文学者には非常に人気があるようです。

「踏み絵」として機能した信条

（3）に入ります。ただし、三―四世紀以来この信条は、正統教会を排他的に護り（正統教会だけが正しいと）、その内容のみならず歴史性（使徒信条で謳われている事柄の歴史性、たとえば「陰府にくだった」などについての歴史的な事実性）に対して疑念を表明する者を教会から排除し、異端として追放する「踏み絵」として機能しました。

「ニカイア信条」を見てください。有名な「三位一体論」がこの信条によって確定したのです。「使徒信条」「ニカイア信条」（三二五年に成立）「カルケドン信条」（四五一年に制定）の三つが世界教会信条として、カトリック教会、プロテスタント教会を問わず基本的な信条であるとして非常に重要な信条です。ニカイア信条の最後を見てください。「主の在し給わなかった時があるといい、生れ給う前には主は在し給わなかったといっている者ら、または、異った存在または本質から出たもの（被造物）と言い、（イエス・キリストが）変質し異質となり得る御方であると語る者を、公同（これはカトリックです）かつ使徒的なる教会は呪うものである」。これはアリウス派の「異端」に対する呪詛宣言です。つまり、呪って追放するということです。これが使徒信条とワンセットになって後代に伝わってきているのです。

歴史的事実性と真実性を混同しない

「Ⅱ」に移ります。信条の問題性とその現代的意味があるとすれば、それはどういうところであるのかということを申し上げたいと思います。

（1）番です。私の考えですが、信条の内容は、信仰内容の Symbolum つまりシンボルあるいは象徴的総括であって、そのすべてが歴史的な事実ではないということです。このことは、はっきりしておく必要があると思います。歴史的な事実とは、歴史学的に事実として確認される事柄のことです。使徒信条では「ポンテオ・ピラトのもとに苦しみを受け、十字架につけられ、死にて葬られた」というくらいのところが歴史的事実で、それ以外は信仰者にとっての歴史的事実に根ざす〝真実性〟と私は考えています。そういう意味で、事実性と真実性は区別しなければならない。それが混同されるところから悲劇が起こると私は思います。

（2）に入ります。使徒信条には時代に制約された表現が勿論あるのです。使徒信条は二世紀から八世紀までかかって成立したのです。まぶね教会でもかつて議論の対象になりました「神」を「父なる神」と呼ぶ呼称。これは使徒信条に二回出てきますし、ニカイヤ信条でもかならず「父なる神」と出てきます。しかも、この頃から教会の聖職者のなかから女性は排除されるのです。ですから「父なる神」と「教会の組織のなかでの父性の絶対化」はパラレルになっているのです。トマスによる福音書では逆で、使徒ペテロよりもマグダラのマリアがずっと評価されています。グノーシス派においては女性の聖職者が多かったという証言があります。

正統と異端の争いはそういう争いでもあったのです。ですから、「父なる神」も使徒信条あたりから強く教会の中に告白の対象となって入ってきているのです。さきほども申しましたが、「公同の教会」とは「カソリックチャーチ」という意味になりますから、この教会に対する告白から教会の絶対化、排他性というものが出てくるのです。

（3）です。信仰の非寛容性を正当化し、信仰を心情のレベルに留める機能を使徒信条が果たすということも歴史的な事実として認められます。これに対する批判がすでに新約聖書に出ています。マタイによる福音書七章二一節以下です。「わたしにむかって『主よ、主よ』と言う（イエスは主であると言うことです）者が、みな天国にはいるのではなく、ただ、天にいますわが父の御旨を行う者だけが、はいるのである」とあります。信仰告白を唱えることを絶対化し「それでもういいのだ」と考える人への批判になっています。もっとはっきりしているのはヤコブ書二章一四節です。

（4）です。使徒信条ではイエスの生涯の枠組（生誕、十字架死、復活、昇天、再臨）だけが信仰告白の対象となり、十字架の死に至るイエスの言葉と癒しの業（これにはイエスに関する伝承が背後にあります）の意味するところが、告白の対象から外される危険性があります。これに関連してマルコによる福音書八章二七節以下を読んでください。ピリポ・カイザリヤに行く途中、イエスが弟子たちに「人々は、わたしをだれと言っているか」と聞かれ、ペテロはイエスに対して「あなたこそキリストです」と告白したが、イエスの十字架死に至るまでの道行きを遮るような振舞いをします。そのときイエスは、ペテロを叱りつけて言います。「サタンよ、引き下がれ、あなたは神のことを思わないで、人のことを思っている」と。それに続いて「だれでもわたしについてきたいと思うなら、自分を捨て、自分の十字架を負うて、わたしに従ってきなさい」とあります。つまり、「あなたこそキリストです」というペテロの信仰の告白は、文脈では明らかにイエスによって批判されているのです。告白すること事態が否定されているのではなく、十字架を背負ってイエスと共に歩むという決意なしに、口先だけで「あなたこそキリストです」という告白が批判されていると見てさしつかえないと思います。使徒信条を唱えていると「それだけでクリスチャン」という錯覚を起こす可能性があるのです。それをマルコによる福音書の八章は、前もって戒めているのではないかと私には思えます。

最後に（5）です。信条成立の元来の意味（「I」の（2）で話したこと）、つまり身体性とか社会性への射程を護るために元来は使徒信条が成立したということ、そういう元来の意味を現代に取り戻すということは私には意味があると思います。これは「信条」と訳されてはいますが、元来はSymbolum、すなわち「信仰の象徴的まとめ」「総括である」ことを積極的に現代に意味づけるということが必要ではないかと思います。

ところで、まぶね教会の場合は（私はまぶね教会が創立した二年後に転会してきましたので、二八年間の関わりからしか言えませんが）、信仰告白は唱えられてきませんでした。その理由を私は以下のように想像いたします。まず、聖書には二種類の伝承があります。一つはローマ書の一〇章九節にあるような信仰告白に関する伝承。もう一つはイエスの言葉と業に関する伝承です。こちらは福音書のほうに編集されています。前者は主として手紙に影響を与えています。パウロの手紙、ペテロの手紙などです。おそらく善野碩之助先生以来、まぶね教会では信仰告白伝承よりもイエス伝承のほうを前景に出して教会を形成してきたために、使徒信条は唱和されてこなかったのではないかと私には想像されます。

教団信仰告白の問題性

もう一点は「日本基督教団信仰告白」の問題性です。これには「旧新約聖書は、神の霊感によりて成り、キリストを証し、福音の真理を示し、教会の拠るべき唯一の正典なり。されば聖書は聖霊によりて、神につき、救ひにつきて、全き知識を我らに与ふる神の言にして、信仰と生活の誤りなき規範なり」とあり、聖書が即「神の言」になっています。少なくとも私の理解によると、聖書は、神の霊感を得た一人ひとりの人間が、人間の限界性をもって信仰の告白をした結果書かれたものであって、聖書のあらゆる箇所が「信仰と生活との誤りなき規範」になりうるはずがないのです。もしこの立場を貫きますと、女性は教会で黙っていなければならないし（第一コリント一四章三四節）、子どもがなければ救われません。牧会書簡には、女は「子どもを産むことによって救われる」とはっきり書かれています（第一テモテ二章一五節）。それが規範になると「子どもを産まない女性はどうなるのか」ということがあります。それはユダヤ教の環境からくる考え方から脱しきれていない聖書の箇所であって、福音の本来性を説いている部分と、時代的な制約のある部分は区別しなければなりません。そういうことを配慮せずに、聖書は生活と信仰の誤りない規範だというと、現代の教会において生じるいろいろな問題性が出てくる可能性がありますので、私は日本基督教団信仰告白はこのままのかたちでは受容できません。しかし、日本基督教団は、このままのかたちでは受容できない者も教団から追放しないという立場をとっていますので、かろうじて止まっています。いずれにしても、このような教団の信仰告白のなかに使徒信条が位置づけられているということが、まぶね教会で使徒信条を唱和してこなかったもう一つの理由なのではないかと思っています。

8　信仰と人権

〔聖書〕マルコによる福音書一〇章一三―一六節（口語訳）

資料、お手元にありますでしょうか。一枚は「第二次大戦下における日本基督教団の責任についての告白」というのと、「戦後五〇年にあたって」という宣言文と、それから聖書のテキストです。まぶね教会にいらしている方々はご存知だと思いますが、今年の夏季集会のテーマは、「戦後五〇年―キリスト教の責任」となっております。このテーマに関わる準備をかねて、今日は「信仰と人権」という題でお話させていただきます。

はじめに

日本のキリスト教、とくに日本人のキリスト教信仰というのは、一五年戦争中に戦争への加担によって犯した人権侵害の責任を戦後五〇年の現在にいたるまで担い切っていないのではないか、というのが私の問題提起です。その際、人権侵害といった場合には、一つには、これはもちろんアジアの人々の人権に対する重大な侵害です。もう一つは、日本の隣人に対する人権の蹂躙です。後者についてはほとんど取り上げられてきていないのではないか、と私には思えます。日本の隣人と言いましても、社会的ないわゆる弱者のことです。先住民族、それから病人、障害者、女性、子ども、老人です。とくにこの二番目の問題を、キリスト教の戦争責任、あるいは戦後責任として見えなくしているのは、信仰の有り様そのものに問題があるのではないか、と私は思います。

日本のキリスト教において、伝統的には、信仰は神と自己との関わりが基本にあり、神の前における人間個人の罪の問題が中心的問題であって、人権とは直接関わりがないのです。実際、人権に対する問題提起は、歴史的に言えば、一八世紀のフランスでいわゆるフマニストたちの側から、当時のキリスト教を批判するかたちで持ち出されていたのです。人権の擁護は人間主義的ヒューマニズムにもとづくものであって、人間の罪を前提とする信仰にはなじまない、というのがキリスト教の伝統的な考え方ではないかと思います。

共生の概念から人権を問い直す

信仰と人権は二者択一的で、相対立的概念であるというふうに考える人が多いのではないでしょうか。もっとも今日、人権、すなわち人間が生まれながらにしてもっている、人間らしく生きる権利が、人間のみに関わるものではないという認識が強くなってまいりました。私たちの教会でも昨年の夏季集会では環境問題を取り上げました。そのとき確認したように、環境なくして存在し得ないという認識からみますと、自然および隣人との共生権と言い換えたほうがよいのかもしれません。共生というのは「共に生きる」という意味です。これはまったく偶然ですが、今日ここに持ってまいりました、小田実さんの『「殺すな」と共生―大震災と共に考える』（岩波ジュニア新書）という本、これはとくに中高生を対象に書いた本ですので、たいへんわかりやすい本です。ぜひお読みください。ここでも人権を自然との共生と関わらせて問題を提起しています。

ところで、ここ二、三回まぶね教会の礼拝に出席しておられます絹川久子さんも、最近『女性の視点で聖書を読む』という本を公にされています。この本では、女性の視点からどう聖書を読むかということが私などにも納得のいく仕方で展開されています。そして、ここでも第三章に人権の問題を取り上げています。人権というものは、共生、共創（共に創る）という関係のなかで確立されていくのだという議論を、とくに女性の視点から展開されています。

　小田さんも絹川さんも人権を共生という概念から問い直しているのです。もし人権という言葉につまずく人があるとすれば、共に生きる権利という意味で共生権と言ってもいいのではないでしょうか。むしろこのほうが現代的な概念としてわかりやすいのではないかと思いました。

戦責告白への批判

　そこで、私たちの教会は、日本基督教団に属しているわけですから、まず足元を踏まえなければならないので、お手元にお渡しした「第二次大戦下における日本基督教団の責任についての告白」という文章を念頭に置きたいと思います。最近『朝日新聞』の「こころのページ」でも戦責告白の問題が取り上げられておりまして、仏教、神道、キリスト教諸派において、戦後五〇年を迎えて戦争責任の問題をどういうふうに把握しているかという問題を一ページ全体にわたってまとめてありました。そのなかでも、すでに一九六七年の時点で、教団として戦争責任を告白したのは、日本基督教団だけであることが指摘されております。この点に関するかぎり、私たちは比較的に誠実な教団に自らを位置づけていると思います。

今日は時間がありませんので、これを全部読むわけにはいきません。それに替えて、この「告白」を批判的に評価している『時のしるし』という雑誌を出している同人が、今年の六月に出した「戦後五〇年にあたって」という宣言文を読んでみたいと思います。

「すでに一九六七年に、教団は当時の鈴木正久議長名による第二次世界大戦における日本基督教団の責任についての告白、いわゆる戦責告白を発表している。戦後二〇年以上が経過した時点での遅きに失したものではあったが、それは紛れもなく教団の戦争協力の罪を自覚し、そのことをアジアの諸教会に対して率直に表明したものであったと同時に、それは日本基督教団そのものの再出発にかける姿勢を表したものであった」。

こういう点で、この雑誌の同人は戦責告白を高く評価しているわけです。しかし、彼らは二つの点でこの告白を批判しています。第一点は、モーセの十戒の中の第一戒「あなたはわたしのほかに、なにものをも神としてはならない」(出エジプト記二〇章三節)を犯したことに対する罪の自覚の問題です。「教団の罪は、戦責告白がいうように、あの戦争に同調し、それを是認し支持し、その勝利のために祈りつとめ、見張りの使命をないがしろにしたことにとどまらなかった。そこでは、国民儀礼の名のもとに第一戒への明白な侵犯が行なわれ、アジア諸国の侵略を是認するために、主イエスの名を用い、聖書のことばを援用するという罪が犯されたのではなかったか。これに対する言及が戦争告白ではなされていない」。

それから第二点は、教団の成立が神の摂理であるというふうに、この告白では書かれていることです。教団の成立というのは、元来国策に添うものであった。端的に言えば、政府の側からの強制によって、プロテスタントの諸教派が一つの教団に合同させられたのです。そして、日本基督教団に属さない教派は宗教法人から外されたのです。そういうかたちで教団が成立したわけなのですが、それが神の摂理であるというふうに、この戦責告白では言われています。しかし、これはおかしいのではないか、と。「自分の行為を摂理と呼ぶことは許されないのではないか。その場合、われわれが語り得るのは、摂理というよりも悔い改めという言葉ではないか」と。教団成立の過程そのものをはっきり認識して、それは私たちが罪をおかした結果であったということを悔い改めて、そして本当の教団の有り様はどうあるべきかということを問うべきだ、と。それを神の摂理だなどという曖昧な神学用語で総括するのはよくない、ということです。

最後の段落にこう書かれています。

「われわれは今、戦後五〇年に対し、以上のような悔い改めに立って、神の前に主イエス・キリストにおける罪の赦しを心から求める。そして何がわれわれをしてあのような罪を犯させたかを決定的に吟味しつつ、悔い改めにふさわしい実を結ぶべく努力することからもう一度始めたいと願う。このような再出発こそが、混迷するこの国における福音宣教の課題を真に担うことであり、また、世のためにあるイエス・キリストの教会として、自らを形成することに他ならないのである。『まさに罪の増し加わったところには、恵みもますます満ち溢れる』(ローマ書五章二〇節)との御言葉に信頼し、罪多きこの日本基督教団にも神から委託された恵みに満ちた使命が与えられていることを信じるものである」。

たいへん格調の高い文章でありますが、要するに戦責告白には、第一にモーセの第一戒への侵犯に対する罪の自覚が明確化されていないということ。第二は、国策によった教団の成立に荷担したことを歴史の主なる神の摂理と見なすことに対する批判。むしろこのことを悔い改めて、その悔い改めにふさわしい実を結ぶべきである、というのがこの宣言の骨子だろうと思います。

共生を共に創り出す

私はこの宣言を最大限に評価しながらも、さきほど申しました、人権とか共生への視点を欠いた、いささか抽象的な宣言だと思います。そもそも、神のみを神とせよ、他のものを神としてはならないという第一戒は、少なくともモーセの十戒の根源的な精神に即して言えば、そして今の言葉で言いかえれば、共生を、それぞれ価値観の異なった人々、あるいは民族の違う人々、あるいは性の違う人々、あるいは社会層の違う人々、そういう人々との共生を可能ならしめる信仰的基盤ではないか。そこを曖昧にしてしまったために、日本のキリスト教は結果において社会的弱者を切り捨てる戦争に荷担してしまったのではないか、と私には思えます。

第二には「悔い改めにふさわしい実」というのは、具体的には何を指すのか。これは私の今日の話のコンテキストで言いますと、まさに共生関係を共に創り出す努力ではないか。絹川さんの言葉を借りれば、共生の共創ではないか。

戦争への加担は、アジアの人たちの人権だけではなくて、日本に住む人々、とくに社会的弱者の人権を侵害する、あるいは共生を不可能にすることによってのみ遂行されたことは明らかだと思います。昨晩、NHKの特別番組で戦後五〇年を覚えて「世界は地獄を見た」という放送がありました。ものすごいものでした。やはり映像というのはすごいですね。ただどういうことか、NHKが操作したのではないかと疑いたくなるのですけれども、日本のことがすごく少なかった。とくにユダヤ人に対して犯したナチスの人権侵害、これがものすごくリアリスティックに、とくに強制収容所の内部を隠し撮りしたフィルムで放映されていました。そして、あの番組のいちばん最後に話し手が、この世界大戦によって約六四〇〇万の人々が殺された、ところがそのうちの四〇〇〇万人は一般市民、とくに女性、子ども、老人であったと言っておりました。戦争というものは、そういうものです。

今でもテレビなどを見ていますと、現在行われている戦争の被害をこうむるのは、とりわけ一般市民、とくに抵抗権のない社会的に弱い人々です。日本にはそれに対する深い反省があったのかどうか、国連決議でアジアに向けてなにか謝罪めいたことを言えばそれでよいという問題ではない、と私は思います。えてして人間というのは、自分から遠いところだけを問題にして、いちばん近いところを問題にしない。私は戦中から戦後の現在まで、社会的に弱い人々に対する人権に無関心であったという問題は、ほとんど変わっていないと思います。そしてそれに対するキリスト教側からの発言はない。これは、キリスト者の責任だと、はっきり言えるのではないでしょうか。

イエスの怒りと赦し

ここで聖書のテキストに戻ります。皆さんのお手元に配ったテキストには、今日の話の聖書箇所、つまりマルコによる福音書一〇章一三―一六節（「子どもを祝福する」）に並べて、同福音書一四章三―九節（「ベタニアで香油を注がれる」）もコピーしておきました。この二つの物語は非常によく似ているのです。しかもキーワードがまったく同じなんですね。ここに弟子たちが登場します。一四章のほう（四節）は、弟子たちに特定されていないのですけれども、マタイ福音書二六章八節では、弟子たちに変えられています。いずれにせよ、マルコ福音書一〇章の幼な子のほう（一三節）では弟子たちが登場します。そもそも、マルコ福音書で「弟子たち」というのは、マルコ福音書の著者が読者として想定しているマルコ福音書が書かれた頃の、教会のリーダーの比喩的な表現です。このことは、現代の聖書学者のほとんど一致した意見です。そういう意味では、マルコ福音書は同時代史的に書かれている。つまり、マルコ福音書は、七〇年代初めの教会のリーダーたちとイエスの弟子たちを重ね合わせて物語られている、と考えるべきであろうと思います。

マルコ福音書一〇章の幼な子の物語では、イエスに触ってもらうために、人々が幼な子を彼のところに連れてきた。この「人々」というのは原文にはありません。この文章は非人称になっていまして、動詞は受け身になっておりますので、私は背後に女性がいると想定いたしました。幼な子をここへ連れてきたのはお母さんであるか、そういう人々であったのではないかと思います。ところが、「弟子たちは彼らをたしなめた」と。新共同訳聖書では「彼らを叱った」

と訳されています。『イエス・キリスト』という私の本では、「それを見てイエスは憤った」と訳しています。そしてイエスは彼らに言った、「幼な子をわたしのところに来るままにしておきなさい。」ところがベタニアでの塗油物語（マルコ福音書一四章）は、イエスのところにある女性が入ってきて、高価な香油をイエスの頭の上に注ぎかけた。そしたら「ある人々が憤って互いに言った」。この「ある人々」がマタイでは「弟子たち」になっています。なんで無駄にするのか、この香油を三〇〇デナリ以上に売って、貧しい人々に与えることができたのに、と。「そして女をきびしくとがめた」。この「とがめた」というのと、マルコ福音書一〇章一四節の「弟子たちは彼らをたしなめた」というのは同じ動詞なんですね。一方では子どもたちをイエスの下に連れてくることに対して、弟子たちは否定的な振舞いをした。他方では、女性がイエスと接触することに対して、弟子たちは否定的な振舞いをした。それに対して「するままにさせておきなさい」とあります。「来る」と「する」とは違います。もちろんこれは文脈によって違います。しかし「……のままにさせておきなさい」というのは、これはまったく同じ動詞、正確に言えば助動詞を用いているのです。しかも、「するままにさせておきなさい」と訳されている動詞、アフィエーミの命令形は、元来「解き放ちなさい」という意味です。つまり子どもたちをイエスとの関わりにおいて「解き放て」、あるいは女性をイエスの関わりにおいて「解き放て」、という命令なんです。要するに、その解き放ちを止めたのが弟子たちなのです。私の言葉で言えば、弟子たちは子どもと大人、それに女性と異性の共生関係を断ち切ったのです。それに対してイエスは憤っているのです。イエスが憤るというのは福音書では非常に珍しい。そしてイエスは、子どもあるいは女性を「解き放ちなさい」と命令しています。

ここで断っておきますけれど、マルコ福音書は私たちに、最後から最初に帰って再読するように促しているということです。マルコ福音書はとくに弟子たちにものすごく厳しい。つまり当時の教会の指導者に対して厳しく批判している。しかし、イエスは最後には弟子たちを赦している。マルコ福音書のいちばん最後を見てください。一六章の七節です。

ペテロをはじめとして弟子たちは最後までイエスに従うことができなくて、みんなイエスを裏切って逃げてしまった。ところがイエスの復活物語の最後の場面で、天使が女たちに「さあ、行って、弟子たちとペテロに告げなさい。『あの方（イエス）は、あなたがたより先にガリラヤへ行かれる。かねて言われたとおり、そこでお目にかかれる』」（一六章七節、新共同訳）と言っています。ここは、究極的にはイエスを裏切った弟子たちに、復活のキリストとガリラヤで出会うことができると約束している箇所です。ですから私は、ここには弟子たちの裏切りの罪の赦しが前提されていると考えざるをえません。

そういう意味で、マルコ福音書一六章七節は、さきほど読みましたこの「戦後50年」という文章のいちばん最後に引用されているローマ書五章二〇節と、本質的に考え方は違わない、と私は思っています。「罪の増し加わったところには、恵みもますます満ち溢れ」る。ある意味では、マルコ福音書はこれを物語にしたと言ってもいいのではないかとさえ思えます。マルコ福音書のなかで弟子たちが演じる役割というのは、ほとんどイエスによって批判される役割なのです、この子どもの問題でも、女性の問題でも。しかし、そういう弟子たちの限界が最後は赦されているのです。ただ、けっして赦しっぱなしではないのです。マルコ福音書は読者に再読を促しているということは、イエスの恵みないしは赦しへの応答として、イエスの弟子たちと共に私たちキリスト者は、イエスへの信従を求められているということなのです。

弟子たちの理想化

ところがすでに他の福音書は、たとえばマタイ福音書一九章一三節以下は、イエスが弟子たちに対して「憤った」というのがカットされています。マタイ福音書の一九章一四節とマルコ福音書一〇章一四節と比べてください。「それを見てイエスは憤り、彼らに言われた」というところが、マタイでは「するとイエスは言われた」となっています。つまり、イエスによる弟子たちへの批判をマタイは押さえているのです。これはマタイの教会にとっては、弟子たちが理想化されていたからです。マルコ福音書におけるベタニヤでの塗油物語では、一四章六節に「するままにさせておきなさい」とありました。これがこの物語ではちょうど真ん中にあります。これはこの物語のキーワードなのです。ところがマタイのテキストを見てください。この言葉はどこにもありません。「女性を解き放て」というのは、あまりにもマタイにとってはラディカルだったのです。

ですから、すでに聖書からして、人権に対する関わり方に微妙なニュアンスの違いがある。しかも、伝統的にはマタイ福音書がマルコ福音書よりも重んじられているわけです。だから四福音書のいちばん最初に置かれているわけです。こういう違いを度外視して、マタイを視点に聖書を読みますと、確かに人権に対する敏感さなどということは、聖書からあまり読み取れないということになります。しかし、福音書のなかには他の立場もあるということも念頭に置かなければなりません。しかも、マルコ福音書のほうがマタイ福音書よりも先に書かれていた。マタイはマルコ福音書を知っていてそれを訂正しているのです。

神が約束された国

小田実さんが、先にあげた『殺すなと共生』という本の一八〇ページに、つぎの文で全体をまとめています。「私たちが求めているものが防災大国などではなくて、『人間の国』であることはもうはっきりしていると思います。この『人間の国』の基本の原理は、殺すなと共生。殺すな、そして共生は、対等、平等、自由な共生。殺すなと共生、この二つの『人間の国』の基本を政治的に実現するために民主主義があるのです」。この「人間の国」にあたるのがマルコ福音書では「神の国」なのですね。

テキストをもう一度読んでください。マルコ福音書一〇章一五節「よく聞いておくがよい。誰でも幼な子のように神の国を受け入れる者でなければ、決してそこに入ることはできない」。『イエス・キリスト』という本を講談社から出した頃（一九七九年）は、この「幼な子」というのを主格的属格にとっていました。「幼な子が神の国を受け入れるように神の国を受け入れる人でなければ、決してそこに入ることはできない」と。これは普通の読み方です。しかし、その後に公にした『問いかけるイエス』（NHK出版、一九九四年）では、この「幼な子」を目的格的属格にとっております。「幼な子を受け入れるように神の国を受け入れる人でなければ、決してそこに入ることはできない」と。

前の文脈で、つまり九章の三三節以下「一番偉い者」をめぐるイエスと弟子たちの論争のところで、弟子たちがお互いに上昇を志向して論争していたときに、イエスが幼な子を抱いて、「このような幼な子のひとりを、私の名のゆえに受け入れる者は、私を受け入れるのである。そして、私を受け入れる者は、私を受け入れるのではなく、私をお遣わしになった方を受け入れるのである」と言っています。つまり、子どもを受け入れる者は、神を受け入れるのだと言っているのです。

幼な子の祝福の物語も、この文脈のなかにあるのです。『問いかけるイエス』で敷衍した訳に従えば、こういうことになります。「神の国は、成人男性から人権を認められていない女・子どものような人々のものである。だからはっきり言っておく。そういう女・子どもを受け入れるように、神の国を受け入れる者でなければ、そこには決して入ることはできない」。この場合も女・子どもを受け入れるとは、彼ら彼女らを上から保護するというのではなくて、人間としての権利を行使する主人公として、来るままにさせておく、あるいはするままにさせておくという、彼女あるいは彼らに対する開放的な関わりを意味している。としますと、神の国というのは、小田実さんのいう「人間の国」が、いわば神の恵みによって、実現されることを約束されている領域だということになります。とすれば私たちは、クリスチャンではない人々とたんなる共生だけではなくて、共闘もできるのです。

神を信じる者も、神を信じない者も、お互いに協力し合い、戦後の五〇年を踏まえて、これからどう生きるかということを語り合うことが許されるのではないかと思いました。

9 イエス断腸

〔聖書〕マタイによる福音書九章三五—三八節（口語訳）

はじめに

「イエス断腸」というタイトルと聖書のテキストとの関係を説明します。マタイによる福音書九章三五—三八節は、日本基督教団の正教師按手礼式文から採用しました。タイトルは『岩波版新約聖書』（岩波書店発行、全五巻の中の第一巻、佐藤研訳）の小見出し「イエス断腸」から採りました。新共同訳の同じ部分の小見出しは「群集に同情する」となっています。「イエス断腸」のほうが迫力がありますので、これを採用しました。

このテキストの性格について説明します。マタイ福音書九章三五節から三八節までは、新約聖書の研究者の間では「要約的報告」と名づけられている部分です。このテキストの前の文脈、五章から七章までは、御国の福音宣教を主題とするイエスの言葉を集めたものです。八章から九章の三四節までは、病人や障害者の癒しの奇跡物語を集めた箇所です。今日の聖書テキストは、この二つの部分を一〇章一節以下の十二使徒たちの選び、弟子派遣の記事へとつなげる機能をもっています。そういう箇所のことを「要約的報告」と言います。

要約的報告に関しては、大貫隆君が『福音書と伝記文学』（岩波書店）という本を出しています。この本で大貫君は、福音書の要約的報告の記事と福音書とほぼ同じ時代に成立したギリシア・ラテン文学の要約的報告の記事を比較し、新約聖書における各福音書の要約的報告の特徴を明らかにしています。大貫君によれば、マタイ福音書における要約的報告の特徴は、マタイの時代の読者（紀元後八〇年代ないし九〇年代）に対するメッセージ性が強く出ていること、この箇所（マタイ福音書九章三五節から）では、牧者イエスと十二使徒の役割がマタイの時代の牧者の理想的な像として描かれていることにあります。

イエスの振舞いの根源

マタイの意図するところによると、マタイの時代における牧者の理想的な機能・役割は二つあり、「福音の宣教・伝道」と「病人、障害者の癒し」です。「そこでイエスは、すべての町と村々とをめぐり歩いて、彼らの街道で教えつづけ、王国の福音を宣べ伝えつつ、すべての病とすべての患いを癒しつづけた」（岩波版新約聖書）とあります。「すべての病とすべての患い」という部分を厳密に言いますと、「病」のほうは病気一般を指す名詞で、「患い」と訳されているギリシア語は障害者を直接に指す名詞になっています。この箇所では、イエスの牧者としての二つの役割は「福音宣教」と「病人、障害者の癒し」です。このようなイエスの振舞いの根源は、「イエス断腸」にある、と私は考えています。三六節「さて、彼（イエス）は群集を見て、彼らに対して腸《はらわた》がちぎれる想いに駆られた」（岩波版新約聖書）。そして岩波版新約聖書では、ここにつぎのような脚注がつけられています。

普通「同情する、憐れむ」と訳す。原語（splanchnizomai）は「内臓」、すなわち腸や肝臓・腎臓などを指す名詞（splanchnon）に由来する。内臓は人間の感情の座であると見なされていたため、同語は「憐れみ、愛」などの意に転化、それが動詞化した。

イエスの「腸がちぎれる想いに駆られた」ことが根本にあり、それがイエスの宣教と癒しのわざに具体化されていったと、私には思えます。三六節の後半には「なぜならば、彼らは牧人のいない羊のように疲れ果て、打ち棄てられていたからである」（岩波版新約聖書）とあります。群集に対して腸がちぎれる想いに駆られたということは、たんなる同情や憐れみということではありません。この表現には、自らが群集と共に苦しむという感情と、群衆の痛みを共有する想いが盛られています。加えて、群集を苦しませる状況においた権力に対する憤りの念があります。こういう感情は「憐れむ」というような柔《やわ》な言葉では出てきません。マタイのメッセージ性は、マタイの教会の読者とマタイ時代のキリスト者と群集を重ねています。同時代的に読むように読者をうながしています。ですから、マタイの意図によれば「牧人のいない羊のように疲れ果て、打ち棄てられていた」群集とが一方において一般民衆であり、他方において教会員なのです。この点にポイントを合わせて文脈を探ってみたいと思います。

宣教と癒し

「福音宣教」のほうは五章から七章までが元来のテーマでした。五章から七章までの中で、今日の問題に深く関わってくるイエスの言葉は七章一二節です。「だから、何事でも人々からしてほしいと望むことは、人々にもそのとおりにせよ。これが律法であり預言者である」(口語訳聖書、以下同様)。「これが律法であり預言者である」とは聖書の要約という意味です。この言葉はあとの文脈では二二章三九節「自分を愛するようにあなたの隣り人を愛せよ」に重なります。「何事でも人々からして欲しいと望むこと」は「自分を愛すること」であり「人々にもそのとおりにせよ」というのは、「隣り人を愛せよ」ということです。ところが、七章一二節は七章七節から始まる段落の締めくくりの言葉になっています。七章七節以下は「求めよ、そうすれば、与えられるであろう。捜せ、そうすれば、見いだすであろう。門をたたけ、そうすれば、あけてもらえるであろう。すべて求める者は得、捜す者は見いだし、門をたたく者は開けてもらえるからである」とあり、七章一二節はこのイエスの言葉の締めくくりになっているのです。この点を記憶に入れておいてください。

八章一節以下の「病人、障害者の癒し」のほうは、八章一六節から一七節の要約的報告につながっています。「夕暮れになると、人々は悪霊につかれた者を大ぜい、みもとに連れてきたので、イエスはみ言葉をもって霊どもを追い出し、病人をことごとくおいやしになった。これは、預言者イザヤによって『彼は、わたしたちのわずらいを身に受け、わたしたちの病を負うた』と言われた言葉が成就するためである」。八章一節以下はらい病人の癒しの記事になっています。八章二節「すると、そのとき、ひとりのらい病人がイエスのところにきて、ひれ伏して言った、『主よ、みこころでしたら、きよめていただけるのですが』」と、病の癒しを求めています。

マタイ福音書のこの箇所に並行するマルコ福音書一章四一節「イエスは深くあわれみ、手を伸ばして彼にさわり」の「深くあわれみ」の部分は岩波版新約聖書では「腸がちぎれる想いに駆られて」と訳されています。この「腸がちぎれる想いに駆られて」はマタイ福音書の並行記事には出ていません。しかし、冒頭に言及した要約的報告の記事には出ていました（九章三六節）。マルコ福音書でも、らい病にかかった人は、一般的には癒されないと考えられているその病をイエスに癒してほしいと求めています。

エンパワメント――自尊感情の活性化

さて、横山正美牧師が七月一九日、まぶね教会における最初の礼拝で「エンパワメントを担う教会」と題して説教されました。「エンパワメント」とは「生きる力の活性化」だと説明していました。説教のなかで紹介された森田ゆり著『エンパワメントと人権―心の力のみなもとへ』では「エンパワメント」という言葉は熟語として使われております。いずれこれは辞書にも載る言葉であろうと思います。横山牧師は森田さんの用語法に従って、「エンパワメントとは、自尊感情（自尊感情とは、自分自身を尊敬する感情、自分を大切にする心）の活性化を育むこと」と説明しています。そして、「それには出会いと対話が必要である」と言っています。自分だけでは自尊感情の活性化はできません。一二年間も出血の止まらない女性の場合（マルコ福音書五章二五—三四節）も、イエスとの出会いがありました。イエスの衣に触れたときに自らの力が出て行き、イエスの力が入ってきたという、力の交換が起こり癒されたという記事です。あの女性は血に対するタブーを破り、イエスに触れるという内在的な力を全身全霊をもってイエスにぶつけていると言ってよいと思います。

今日のテキスト、マタイ福音書九章三六節の「疲れ果て、打ち棄てられている群集」（岩波版新約聖書）をマタイが福音書を書いた八〇年代ないし九〇年代から現代の読者に移し、現代の読者にどのようなメッセージを提供しているのかを考えてみます。この言葉は自尊心の未熟さから見捨てられ、不安に陥っている現代人を示唆している、と私には思えます。自尊感情の未熟さから自分は見捨てられているという不安に陥っている現代人に対し、自分自身を大切にする心を育むこと、どういう環境に置かれても、そこからかならず出て行けるという自分の力を育むことです。これが広い意味の癒しです。その前提となるのが、人間を付加価値によって評価するのではなく、その人のあるがままの素晴らしさを受け入れることです。

結論的に言いますと、「群集に対してイエスは断腸の想いに駆られ、彼らの心の中にある力を活性化するメッセージを送って、具体的に人々を癒した」というのがこの記事の中心点だろうと思います。そういうメッセージ性を担っていくことが、求められている教会の使命だと横山牧師は考えられたと思います。

二重教職制の問題

横山牧師に関わる大切なことを指摘します。それは「正教師」に関してであります。今日、按手礼のときに読むテキストを採用したのはこのためです。横山牧師は教団の補教師であって正教師ではありません。教団は規定によって正教師と補教師を分けています。神学校を卒業し、牧師の試験に受かると補教師になり、三年間の牧会のあとでもう一度試験を受けて正教師になります。教団の規定では正教師になった者だけが礼典（洗礼式、聖餐式）の執行権があります。補教師には礼典を執行する権利がありません。これを「二重教職制」と言います。正教師と補教師を分け、補教師はまともな牧師ではなく、正教師だけが礼典を施すことができるということです。これに異議申し立てをしている牧師のグループがあります。そのなかの一人が横山牧師です。私もそれを支持してきました。

二重教職制の根拠はどこにあるのかという問題に入ります。第一に、聖書的根拠はまったくありません。聖書のどこを読んでも二重教職制を支持するテキストはありません。これは、紀元後三世紀以降、教会が制度化されてからできた規定です。第二に、教派によっては、たとえばバプテスト教会では二重教職制を採っておらず、伝道師でも礼典の執行権があります。第三に、世界的な視野で見ると、ドイツやスイスでは二重教職制の撤廃に動いています。スイスの福音主義教会では「原則として二重教職制とする」という文言を入れて、必要に応じて（止むをえない場合は）補教師でも洗礼を授けたり、聖餐式を執行することができることになっております。

日本の地方の教会では牧師（正教師、補教師）が足りません。東北教区、奥羽教区はとくにそうです。補教師が聖餐・洗礼を執行できないため、そのつど正教師を招かなければなりません。病人が出て、不幸にして危篤となった場合、自宅で聖餐式を受けたいという求めが多いのです。その際にも規定によって、補教師は聖餐式を執行することができません。

この秋の教団総会で、二重教職制に関しての結論が出るはずです。横山牧師はその結論が出るまで正教師試験は受けないという立場を貫いてきました。念のために申し上げますが、横山牧師は自ら礼典を執行しておりません。クリスマス、イースターのときの聖餐式、洗礼式には正教師を招いて執行をお願いしているそうです。横山牧師は自ら規定を破ってはいません。もう一点、教団総会で二重教職制を維持するという結論が出た場合、まぶね教会の求めが強ければ、正教師試験を受ける準備があると言っています。このことははっきりしておいたほうがよいと私は思いました。

礼典を執行する権利は牧師の本質に関わっています。それを「二度の試験」という付加価値で認定する根拠がどこにあるかと私には思えます。召命感をもって牧師への道を志し、学び、牧師試験を受け、宣教に出て行く牧師に対して礼典の執行権を与えるべきだと私には思えます。三年間も待たせたうえで、もう一度難しい試験をするのです。その試験問題は知識のみです。三年間の牧会の報告ならまだしも、キリスト教に関する知識だけの問題なのです。それをパスすれば、執行権を授与するという考え方は時代錯誤もはなはだしい。日本基督教団は世界的な趨勢の方向に自ら向かうという勇気がない、と私には思えます。もし正教師の按手礼を受けるときの聖書テキストがこのテキストであるとすれば、横山牧師はこのテキストに生きていますので、正教師でないことはそんなに問題にする必要はないと思います。これは私の考えです。しかし、それは違うのではないかという考え方の人もいらっしゃると思いますので、このあとの懇談の時間に質問してください。

10　みこころのままに――脳死は「人の死か」

〔聖書〕マルコによる福音書一四章三二―四二節（口語訳）

はじめに

今年（一九九二年）の一月二二日に、政府のいわゆる「脳死臨調」が、「脳死は人の死」と認める答申を宮沢首相に提出しました。この答申は、「脳死をもって『人の死』とすることについて大多数の委員は賛意を示したものの、一部の委員は反対であった。一方、脳死体からの臓器移植に関しては、委員全体がその意義を認め、行うことに積極的であった」と述べています。これを受けて『キリスト新聞』が各分野の代表的キリスト者三〇名（私もその中の一人）にアンケート調査を行い、その結果を二月一五日号に発表しています。それによると、脳死を人の死と認めるキリスト者が三〇名中一〇名、つまり全体の三〇パーセントに過ぎず、「脳死臨調」

委員の過半数（一七名中一五名が肯定）とはいちじるしい対称をなしています。他方、同じキリスト者でもドイツでは、すでに一九九〇年にカトリック・プロテスタントによって構成された「臓器移植に関する委員会」が「共同宣言」を出しており、「脳死は心臓死と同様、人の死を意味する」と明確に述べています。

私はかねがね、まぶね教会でもこの問題について、できれば第三聖日の懇談礼拝のときに、一度とりあげてみたらどうかと思っておりました。懇談礼拝を今年度も継続するか否かをめぐっては、去る三月二二日の礼拝後、特別に「協議会」を設けて話し合われたのですが、その結論は四月あるいは五月の教会総会で出されることになっています。それを待っていては遅すぎるという気もしますので、私は今日の受難節の礼拝に、これを懇談礼拝とは別の枠で「説教」のテーマにとりあげ、今後なんらかのかたちでもたれることを希望しますが、まぶね教会での懇談に一つの話題を提供したいと思います。

死は人がつくり出すものか

そのために、まず問題を私の立場から整理しておきたいと思います。

「脳死臨調」答申の多数派の立場ですが、興味深いことに、この立場の人々も、「脳死を人の死とする」と言い切れていない。むしろ脳死を人の死としたほうが、「より高い質を有する生命をもつ患者を救済するために」都合がよい、という考え方なのです。つまり臓器を受ける側、生命を持続できる可能性のある患者の側に視点を置いて、臓器を提供する側、生命を持続できる可能性がないと思われる患者に、脳死という死を、医療上の都合によってつくり出している、と言えましょう。死は、人によって受け入れられるものというよりは、むしろ、人によってつくり出されるものとなる。これは人命を至上とする近代合理主義の立場と言えるでしょう。

他方、梅原猛さんに代表される少数派の立場からは、断じて脳死を人の死としない。ただし、脳死者からの臓器移植は容認します。ですから、生きているけれどもまもなく確実に死ぬという厳密な脳死判断と、健全時における本人の意志の尊重が必要となります。そしてこの本人の意志が梅原さんによれば仏教の菩薩行為に通ずる、ということになるのです。この立場は、人の死は受け入れられるものという、死に対する受動的見解を基本的に踏まえつつも（だから脳死を死と認めない）、人が生前に臓器のドナーとなり、いわゆる脳死状態に陥ったらば臓器を提供し、その瞬間に自ら死ぬことを認める限りにおいて、死をつくり出すことを承認しております。

ドイツのキリスト教「臓器移植に関する常議員会」の立場は、脳死を死とみなす点ではわが国の「脳死臨調」多数派と同じであり、他方キリスト教的アガペーの精神の具現者としてドナーとなることを勧める点で、梅原さんなどの立場に類似していると思います。なお、日本のカトリックを代表する門脇佳吉神父は、脳死を死とは認めないが、臓器授受を「贈与として」のみ承認するという点で、むしろ梅原さんと共通しているようです（『キリスト新聞』二月一五日号）。

ドナーはキリスト教的愛の具現者か

さて、キリスト者として臓器移植を認めるとすれば、ドナーをキリスト教的愛の具現者とみなすのが、いちばん納得がいくと思われるかもしれません。実際、私のかつての学生で現在青山学院短大に勤めている野村祐之君は、アメリカでドナーから肝臓の移植を受け、「私のアイデンティティは、今やドナーの愛により、ウイデンティティになった」と話しています。

確かにこの立場は、たとえばヨハネによる福音書一五章一三節によって正当化されるでしょう。「人がその友のために命を捨てること、これよりも大きな愛はない」。しかし、愛の最大の行為として友のための自死を認めるのは（ちなみに脳死を死と認めずに、臓器移植を承認する立場は、愛の行為としての自死を前提とせざるをえません）、ヨハネ福音書に固有な思想であっても、聖書全体に通ずるものではありません。

さらにこの立場は、それが現実に関わると、種々の難点をともないます。第一にドイツでもアメリカでも、ドナーとしての登録を呼びかける教会のキャンペーンにもかかわらず、実際に登録する人はきわめて少ないと聞きます。これは、いわゆるキリスト教的愛の精神の稀薄さに由来するというよりも、むしろドナーになる意志はあっても、その近親者の承諾を得られないケースが多いからのようです。ここにはやはり、死というものは受けとめられるものであって、自らつくりだすものではない、死は――近親者には葬儀などの儀礼を伴っての――認知を通してはじめて死となる、という死生観が働いていると思います。そしてこの死生観はおそらく東西共通でありましょう。これをいささか日本的に作家の五木寛之さんをして言わしめると、つぎのようになります。「私は心臓死さえも実感として死とは考えないんです。体が冷たくなって、死後硬直があって、みんながそれに対して別れを告げて、儀式を行なって、そして火葬して、徐々に徐々に死がまわりの人間に認知されていく。人間の死とはこういうものだと思いますから」(『朝日ジャーナル』一九九二年二月二八日号)。これに対して脳死の認定は密室でなされる。それは儀礼を通して認知される公の死ではない、ということになります。

ちなみに、ここに興味深い統計があります。『朝日新聞』(三月二三日)のアンケート調査結果によると、「仮に家族が事故にあい、〈脳死です〉と告げられたら、〈死亡した〉ということを認めますか」との問に対し、「認めます」と答えたのが男性で五二パーセント、女性で三八パーセント、「認めません」は男が三九パーセント、女が五二パーセント、つまりこの問題については、女性の側が男性よりも多く脳死を死と認めようとしていない、ということなのです。女性の方に、死へ至るプロセスに寄り添う機会が多いからでしょうか。

いずれにしても臓器移植をめぐる第二の問題は、実際上ドナーの役割を果たしているのは、多くの場合、新鮮な臓器を提供できる事故死者、あるいは臓器を金銭で提供する、せざるをえない極端な貧困者である、という事実です。つまり、臓器移植は、事実上、強者により弱者の犠牲によって行われている、ということです。ご存じのように、臓器の移植を受けるためには巨額の費用を必要といたします。ですから、その恩恵に浴することのできるのは、地球上、経済的に豊かな北側に住む人々に限られているわけで、彼らのための臓器は南側に住む人々によって提供されるという、いわゆる南北問題の一つにもなっているのです。地球の北側に住む人が、南側に住む人々のためにドナーとなったという例があるでしょうか。

イエスの死をどう受け入れるか

最後に、いままで述べてきた問題にひきよせて、マルコによる福音書ではイエスの死がどのように受け入れられているかを、今日のテキストについて考察して、私の話を終わりたいと思います。

この箇所は、有名な、イエスのゲッセマネの園の祈りにあたりますが、この箇所をふくむ一四―一五章はいわゆるイエスの受難物語です。そして、聖書学者のほぼ一致した見解によると、マルコが受難物語全体を構成する際に用いた、いわゆる受難物語伝承は、最初期のキリスト教共同体によるイエスの死を記念する礼拝、受難記念礼拝をその「生活の座」として成立したといわれます。といたしますと、ゲッセマネの園の物語、とくにそのなかでも有名なイエスの祈り（三六節）も、それがそのまま歴史的事実の描写というよりは、イエスの死に自ら予想される死を重ねて、それを儀礼的に認知しようとするプロセスについての、教会共同体による描写とみるべきでありましょう。三六節の前半は、死がイエスにとってまさに不条理であることが認知されます。死を目前にしてイエスはそれをできるかぎり回避してほしいことを神に訴える。これはまさに自分、あるいはその近親者をどうしようもなく「愛する」ところからくる、つまり自己愛に由来する人間のうめきと言えるでありましょう。しかし究極的には、イエスは死を、三六節の後半で神の意志として受け入れる。ここでは死への抗いと死の受容が連続しておりますが、しかし前者が後者に収斂していくためにはプロセスがいるのです。このことは、愛する近親者の死を体験した人々は誰でも納得のいくことではないでしょうか。

ところが、それが第三者の死となると、それへのプロセスへの参加がなおざりにされてしまいます。ペテロをはじめとするイエスの弟子といわれる存在でさえ、イエスの死の苦しみの祈りに参加できなかった。彼らはイエスの苦悩をよそに眠りこけ、イエスによって三度も「眠りからさめよ」と注意されている。この「弟子たち」とは、この物語の読み手にとって誰のことでしょうか。イエスに死にいたるまで従っていくと誓いながらも（三一節！）、イエスの死のプロセスに参加できない私たち自身のことではないでしょうか。それでもイエスは私たちに「立て、さあ行こう」（四二節）と、うながされているのです。

いずれにしても、マルコ福音書によれば、死はできるなら回避さるべきもの、しかし最終的には受け入れらるべきものであり、そこにはいかなる意味においても、自ら死をつくりだす余地は残されていないと思います。

以上、私は脳死臨調の答申に直接私自身の回答を出しませんでした。むしろこの答申を契機として「死とは何か」を聖書に即して私なりに問うてみたにすぎません。できれば皆さんにも皆さんなりに問うていただきたい。そして機会があれば皆で話し合ってみたいと希っています。

11 家族とは？——国際家族年によせて

〔聖書〕マルコによる福音書三章三一—三五節（口語訳）

はじめに

今年は「国際家族年」であるということをご存知でしょうか。ご存じなくても、なんとなく家族ということに関して私たちの周囲で問いかけがなされているということは、たとえばテレビを観ていてもわかります。「ぴあの」という朝のテレビドラマを観ていますか。あそこでテーマになっているのも家族だと私は思っております。

私、女子大で学長を勤めているものですから、政府から学生たちに伝えてほしいというパンフレットやポスターがいろいろ送られてくるのです。「国際婦人年」——私は「国際女性年」と呼ぶべきだと思いますが——の年には、女性の雇用機会均等とか女性の地位向上とかを勧める文章を書いたパンフレットとかポスターが送られてきました。今年は家族に関することがよく送られてきます。そのなかでも私が非常に興味深かったのは、一枚のポスターのなかに、赤ちゃんを真ん中に八人の老若男女を配置して三世代同居がひとつの理想形のように描かれていたことです。いかにも日本の家族という感じがいたしました。学生から聞いた話ですけれども、その妹さんや弟さんたちが書初めをしたときにも、「家」とか「家族」とか「理想家族」というのが書初めのテーマだったそうです。日本の政府も率先して、家族の再構築というのでしょうか、そのようなものに向けてキャンペーンをしているのですね。

私にも広い意味での家族が一人増えました。次女のところに赤ちゃんが産まれ、三週間でしたが、私どもと同居して、昨日帰りました。久しぶりに、赤ちゃんの泣き声のある生活を送り、三世代同居という経験を味わったのです。家族は賑やかなほうがいいなと思ったいっぽうで、これはしんどいなあと、どうも私も妻も寝不足になりまして、妻は昨日ダウンいたしました。今日、教会に来られるかどうかちょっと心配したんですが、無事来ることができまして、最後に祝祷してくれるということで感謝しております。

それはともかくとして、政府はどうも古い家族像の再興をねらっているという感じがするのです。これはやはり一九七〇年代以降、さきほどの「国際婦人年」とか、とくに男女の機会均等とか、つぎつぎに国連がテーマを打ち出してきました。その背後に学生運動とかフェミニズム運動とかの流れがありまして、理想的家族像が崩れていると、そのためにもう一度家族を再建するという、そういう世界的な流れにそって、日本もおじいさん、お父さんを中心にした三世代の家族が共に心を合わせて家族を築いていこう、そしてそこから外れるような子どもたちを出さないように締め付けをしていこう……、そういう動きが少なくとも日本では進められているという感じがいたします。それなら、「国際家族年」というものの元来の理想というか、理念というのはどういうところにあるのだろうと思って調べてみました。すると、日本の動きとはまったく違うのです。そこで今日は皆さんと一緒に家族について考えてみたいと思ったわけです。

家族一人ひとりの権利の確立

一九八九年、国連総会で、「国際家族年」の設置を決議して、具体的な内容としては一九九一年に宣言文が発表されております。しかもその最初に掲げられているスローガンは、原文では“Building the smallest democracy at the heart of society”なのです。私の翻訳ではこうなるのではないかと思います。「社会のハートに（社会の心臓部に）最小単位でのデモクラシーの構築を」と。「社会のハート」の「ハート」というのは家族のことですね。ところが、私たちのところに送られてくるパンフレットでは、このスローガンがまったく違うように訳されているのです。

政府の訳は「家族から始まる小さなデモクラシー」となっている。これはどうも翻訳のトリックだと思うのです。「家族から始まる小さなデモクラシー」という訳には“at the heart of society”というのが抜け落ちているのです。「社会」の問題がこの訳ではまったく出てきません。元来、このテーマは、なによりも家族という社会の心臓部におけるデモクラシーの確立、すなわち家族の構成員の平等であり、それぞれの人権の尊重なのです。

この問題をめぐって、今年の三月一八日の『朝日新聞』の論壇に樋口恵子さんという方が、「国際家族年の理念見失うな」というタイトルで寄稿しております。彼女も私が考えている線にそって論旨を展開しておりますので、それを紹介させていただきたいと思います。

樋口さんによりますと、いま私が紹介した理念は、家族は社会の基礎単位であるから格別に考慮さるべきだという前提のもとに、現在までなされてきた女性差別撤廃条約などにもとづいて、家族がその責任を果たせるように援助することを目的としている。国際家族年は、国連の国際婦人年をふくむ人権活動のまさに延長線上に位置づけられるもので、間違っても、家父長型三世代家族を志向するものではない。なにも家父長型三世代家族が悪いと言っているのではなくて、それを理想とするものではない、と。そして樋口さんはこの宣言文で重要な点を三つ挙げています。

第一は、さきほど述べましたように、家族一人ひとりの平等、女性、子ども、高齢者、障害者の権利の確立をこの条文は繰り返して述べている。第二は、世界的な社会構造の変化のなかで、唯一の理想の家族像の追求を避けるべきであると明記している（こういうことは政府はまったく触れておりません）。そしてどんな形態、状況であろうと、すべての家族が保護され、基本的自由と人権が促進されるように求めている。第三は、家族に関する相反する見解を列記して、結果として家族の長所と同時に問題性をも提示している。例を挙げますと、家族は文化的価値の保護伝承の重要な媒体であると評価するいっぽうで、過去の最良のものを保存しようとすることは、家族の構成員、とくに女性にとって有害な作用を及ぼす姿勢ともとれる。そして国連も、各構成員の権利擁護と一致する新しい価値観や態度を促進するように述べている。

最後に樋口さんはこういう文章で締めくくっております。「おそらく一人暮しを含めて従来の血縁や戸籍にこだわらない新しい家族、要するに家族なんでもありの新しい時代の到来だと私は思っている」。

こうなりますと、政府のキャンペーンとはまったく違うことになります。どちらを採るかは皆さんの自由ですが、こういう考え方をぜんぜん紹介しないで古き良き家族像の再構築を……とばかり謳っているのでは、やはりこれは国際的な状況に対応できないのではないか、と私は思いました。前法務大臣の失言にも見られますように、あれは失言ではなく本音だったと思いますけれど、やはり古い理想的な日本のありようの構築を願っている。この種の願望が、間違いなくひとつの勢力になっているのだろうと思います。樋口さんの解説する国連の家族年というのは、かなりラディカルですので、これをこのまま受け入れてどうこうしようということではありません。しかし、ひとつのチャレンジとして私たちは考えてみる点があるのではないか、自分の家族を顧みて。

新約聖書の家族像

さて、新約聖書ではどのような家族像を提示しているかということになります。

まず私は、新約聖書における家族像には多様性があり、しばしば相矛盾さえしていることを指摘しておきたいと思います。私は『新約聖書の女性観』(現在は『荒井献著作集』第八巻、岩波書店所収)という本を公にして、新約聖書における女性観にはいかに多様性があって、相矛盾しているかということを裏付けたつもりです。ですから、私たちはそのなかからこれだと思われるものに選択的にアプローチして自分のものにしていかざるを得ない、というのが私の結論でした。その限りにおいては、家族像も同じなのです。

たとえば、パウロの名前によって書かれた手紙、すなわちコロサイ人への手紙、エペソ人への手紙、とくにテモテへの手紙、テトスへの手紙は、あからさまに父権的家族像を前提にして、夫と妻、親と子、主人と奴隷に対して教えを述べております。そのなかの二箇所だけ読んでみたいと思います。

まずテモテへの第一の手紙二章八節以下です。

「男は、怒ったり争ったりしないで、どんな場所でも、きよい手をあげて祈ってほしい。また、女はつつましい身なりをし、適度に慎み深く身を飾るべきであって、髪を編んだり、金や真珠をつけたり、高価な着物を着たりしてはいけない。むしろ、良いわざをもって飾りとすることが、信仰を言いあらわしている女に似つかわしい。女は静かにしていて、万事につけ従順に教えを学ぶがよい。女が教えたり、男の上に立ったりすることを、わたしは許さない。むしろ、静かにしているべきである。なぜなら、アダムがさきに造られ、それからエバが造られたからである。またアダムは惑わされなかったが、女は惑わされて、あやまちを犯した。しかし、女が慎み深く、信仰と愛と清さとを持ち続けるなら、子を産むことによって救われるであろう。」

この言葉では子どものない女性はひどい差別を受けることになります。つぎに三章一節から六節。

「『もし人が監督の職を望むなら、それは良い仕事を願うことである』とは正しい言葉である。さて、監督は、非難のない人で、ひとりの妻の夫であり、自らを制し、慎み深く、礼儀正しく、旅人をもてなし、よく教えることができ、酒を好まず、乱暴でなく、寛容であって、人と争わず、金に淡泊で、自分の家をよく治め、謹厳であって、子供たちを従順な者に育てている人でなければならない。自分の家を治めることも心得ていない人が、どうして神の教会を預かることができようか。彼はまた、信者になって間もない者であってはならない。」

これが理想像です。つまり家族の理想像は教会の理想像に重ねられているのです。父親が中心となって勤勉実直で、酒を飲まないで、子どもを道から外れないようよく育て、そして立派な行いをする、そういう家父長でなければ、教会を指導する聖職者になることはできない、と言っているわけです。

マルコ福音書の家族像

他方、マルコによる福音書は、家父長型の家族を志向するのではなくて、逆にそれを否定して従来の血縁や戸籍にこだわらない新しい家族の構築を示唆している、と私には思えます。戸籍というような問題は直接マルコ福音書には出てきませんが、この福音書にはイエスの誕生の物語がありませんので、イエスの系図はなく、また戸籍調査に従ってヨセフとマリアがダビデの町ベツレヘムに行ったという記事もありません。マルコはイエスの系図や戸籍を無視しております。これは新しい家族像の構築を示唆していると私には思えます。

今日はさきほど司会者から読んでいただいたマルコによる福音書三章三一節以下について、一緒に考えてみたいと思ったわけです。ここは三章一九節の後半から続いている物語の一部でして、一九節から二〇節にかけて、「イエスが家にはいられると、群衆がまた集まって来たので、一同は食事をする暇もないほどであった」とあります。そして二一節、「身内の者たちはこの事を聞いて、イエスを取押さえに出てきた。気が狂ったと思ったからである」。

「この事」というのは、イエスが悪霊に憑かれた者、今の言葉で申しますと、精神病者を治す活動をしていたということであります。当時、精神病者と交わるということは法によって禁じられていました。彼らはその汚れに染るということで、社会から遮断されていました。しかも精神病者をはじめとする病人や障害者は、本人ないしはその家族の者、あるいはその先祖が犯した罪の結果だと考えられておりました。したがって、そういう「罪人」と交わることは禁じられていたのです。にもかかわらず、イエスはあえてそういう人たちと交わっただけではなくて、そういう人たちを癒す活動をしていた、というのが福音書で一貫しているイエスの治癒奇跡物語の背景です。しかし、イエスの家族の者たちは、そういうイエスの振舞いの意図がわからなかった。そこで彼らはイエスの気が狂ったと思い、彼を取り押さえに来た、というのです。以上がこの物語の前提です。

さて、三二節の前半を読んでみますと、「群衆はイエスを囲んですわっていたが」という書き出しになっています。新共同訳では「大勢の人が、イエスの周りに座っていた」と訳しております。この訳のほうが直訳で、あとの文脈からみて文意をとりやすいと思います。この群衆は、「ごらんなさい。あなたの母上と兄弟、姉妹たちが、外であなたを尋ねておられます」と言った。するとイエスは彼らに答えて言われた、「わたしの母、わたしの兄弟とは、だれのことか」と。そして「自分をとりかこんで、すわっている人々を見まわして、言われた」。(「イエスをとりかこんで、座っている人々」というのと、先ほどの「イエスを囲んですわっていたが」というのは原文では同じ表現です。新共同訳ではイエスの「周りに座っている人々」と訳していいます。前の文脈と同じ言い回しになりますので、同じことを言っているのだということはすぐにわかります。口語訳ではどうもよくわかりません。）イエスは自分の周りに座っていた群衆を見まわして言われた、「ごらんなさい。ここにわたしの母、わたしの兄弟がいる」。「ここに」というのは、イエスの周りに座っていた群衆のことです。「神のみこころを行う者はだれでも、わたしの兄弟、また姉妹、また母なのである」。

ここで注目すべきは、イエスは新しい家族の構成員を群衆あるいは民衆と重ねているということです。同じ物語のマタイ版（一二章四六節以下）では、この「民衆」に替えて「弟子たち」になっているのです。ですから、視点がずれてしまいます。時間がありませんので、この問題については深入りしません。

信仰を共有する者

ところで、民衆は元来、社会の構成員なのです。聖書で「民衆」——私たちの聖書では「群衆」と訳されでいますが——「オクロス」あるいはその複数形の「オクロイ」というギリシア語を使っています。一般的にはギリシア語では、「民衆」というと「デーモス」です。そして、デーモスとしての人権、自由と平等を尊重する立場のことを一般的にデモクラシーと言います。国際家族年の元来のスローガンは、「社会のハートに最小限のデモクラシーの構築を」ということでした。この「社会のハート」というのは「家族」のことですから、このスローガンでは家族と社会を重ねているのです。つまり、社会のモデルとしての家族像を考えているのです。ですから、ここでは社会が変われば家族像も変わるはずだということが前提になっている、と思います。そういう考え方を、少なくともマルコ福音書のこの箇所は共有しているのではないか。ただ、国際家族年における新しい家族像の構築のスローガンに欠けているのは、しかも私たちが考えてみなければならないのは、このデモクラシーの基盤です。今の聖書のコンテキストで言いますと、いちばん最後のイエスの言葉です。「神のみこころを行う者はだれでも、わたしの兄弟、また姉妹、また母なのである」の一句です。

「神のみこころを行う者」とは、信仰者のこと、信仰を共有する人々のことを言っています。つまり、信仰こそが人間を血縁的家族関係から自立させ、信仰者に信仰的同胞関係のなかにおける同信者との共生を促す。こういうことをイエスの最後の言葉は謳っているのだと思うのです。家族における父権的な血縁的上下関係を、信仰を媒介とする人格的平等の関係に組み替える、ということです。しかも、マルコ福音書によりますと、そういう立場が民衆の在りようと重ねられているのです。イエスはこの言葉を自分の周りにすわっている民衆を見て語っているのですから。

信仰というものが、家族生活とか、あるいは最小単位の社会のハートとしての家族関係に対してかなりの問題を提起している、と私には思われます。それを家族とはまったく関係のない教会の中に閉じ込めて論じられるべきではありません。しかし、キリスト教の信仰がなければそういう関係にはなれない、というようなことを言っているのではないのです。

そうではなくて、たまたま私はキリスト教徒であり、信仰的な同胞関係を皆さんと共有しているわけですので、私たちの間ではイエスをキリストと信じる信仰が絶対でありますけれども、しかしキリスト教徒ではない人々にとってそれを頭から強制するわけにはいきません。普遍的に申し上げるならば、家族を構成する構成員の関係、血族的上下関係を断ち切ることができる精神的基盤の共有が必要ではないか、ということです。それがキリスト教の信仰であろうとなかろうと、そういう基盤がないと、結局もとに逆戻りしてしまい、三世代同居がいいとか、おじいさんの言うことに従えとか、親の言うことに従えとか、家族からはぐれていくとそれだけで「悪人」あるいは「狂人」扱いにされる。結局はそのような人を差別して追い出してしまうという結果になりやすい。ですから私は、もしできるならばそういう自分を絶対化しない、その根拠をお互いに共有するということが必要だ、と言いたいのです。もし対立した場合、お互いがお互いを絶対化する生き方を批判的に赦し合って、もう一度原点に立ち返って、お互いに人格的な関係に入ろうとする努力を自然なかたちでしてゆくべきではないかと思います。

一般的に言いますと、人間として人間らしくあるための精神的基盤を家族相互に共有し合うという、そういう生き方が必要ではないか、と。そうしないと、やはり既存の家族形態に復帰して、そこに安住してしまう恐れがある。それをある意味で支える側面も聖書にはありますので、すごくしんどいのです。けれども、家族に関する聖書の多様な捉え方を超えて、私たちが共有できるようなひとつの理想像を模索していきたいと思いました。

12 「しかり」を「しかり」、「否」を「否」——教会生活の見直しを

〔聖書〕 マタイによる福音書五章三三—三七節（口語訳）

天皇制批判の問題点

今年は一一月に新天皇の即位式と大嘗祭がある特別な年ですので、今日は「教会生活の見直しとしての天皇制批判」ということを皆さんと一緒に考えて、時のしるしを見分けていきたいと思います。私は教会生活の見直しというのは、即日常生活の見直しでなければならないと思っています。しかも、天皇ないしは天皇制というのは、両方に、つまり教会生活と日常生活の両方に深く関わっている問題であろうと思います。

一般的には、日常生活において信教の自由、あるいは政治と宗教の分離が保証されるべきであるという観点から、すなわち神のみを神とするという立場が日常生活において認められるな

らば、日常生活においていかなる人間も自らを神とすることは許されない、そういう立場から天皇制批判がなされるのではないかと思います。とくにいわゆる天皇神化の儀礼といわれる、つまり天皇がその秘儀に参加して自ら神となる、そういう儀礼としての大嘗祭というのは、神のみを神とするというキリスト教的な立場と相容れない、というのが一般的なキリスト教界側からの大嘗祭を中心とする天皇制批判であろうと思います。

しかし私自身は、こういう批判の仕方には問題が潜んでいるのではないかと思います。第一点、このようなキリスト教的信教の自由の立場は、非キリスト者に対して果たしてどの程度の説得力があるのか。第二点は、大嘗祭におけるいわゆる神概念が、キリスト教の神観、神に対する考え方と異なると言われたらどうなるのか。もちろん大嘗祭を説明する側、神道を中心とする人々は、自分たちの神々はキリスト教のいわゆる唯一神とは違うと説明しています。あるいは、大嘗祭の中心は、天皇神化の儀礼ではない、と言われたらどうなるのか。そこで私は、一般的にキリスト教的な立場からの天皇制批判とまったく異なる観点から、とくにイエスの思想と行動のレベルから、天皇制の問題に関わってみたいと思います。

「しかり」を「しかり」、「否」を「否」

そこでまず、聖書の勉強を皆さんと一緒にいたします。いま司会者から読んでいただきました聖書テキストはマタイによる福音書五章三三―三七節です。じつは、この箇所よりももっと古い伝承のかたちがヤコブの手紙五章一二節に保存されているのです。「さて、わたしの兄弟たちよ。何はともあれ、誓いをしてはならない。天をさしても、地をさしても、あるいは、その他のどんな誓いによっても、いっさい誓ってはならない。むしろ、『しかり』を『しかり』とし、『否』を『否』としなさい。そうしないと、あなたがたは、さばきを受けることになる」。

最後の「そうしないと、あなたがたは、さばきを受けることになる」というのは、伝承としては新しい部分に属すると言われます。「『しかり』を『しかり』とし、『否』を『否』としなさい」というところで元来の伝承は終わっていたというのが現在では定説になっています。このイエスの弟ヤコブが書いたと言われる手紙には、マタイ福音書と並行するイエスの言葉が多いのです。もちろん、ヤコブの手紙はヤコブ自身が書いた手紙となっていますから、ここで語られているのはヤコブの思想であって、イエスの思想ではないけれども、しかしこのヤコブの手紙の背後に、イエスが語られた言葉の伝承があって、それをヤコブ自身が自分の言葉として用いていると考えられる場合は多いのです。そこで、ヤコブの手紙五章一二節とマタイ福音書五章三三―三七節を比較して、おそらくこれが伝承の古いかたち、つまりイエス・キリスト自身の言葉に近いかたちではないかと思われるものを復元してみますと、つぎのようになると思います。その手続きはいっさい省き、結論だけを申します。

マタイ福音書五章三四節の後半から始まります。「いっさい誓ってはならない。天をさして誓うな。……また地をさして誓うな。……またエルサレムをさして誓うな。……あなたがたの言葉はただ、しかり、しかり、否、否であるべきだ」。

ところで、偽って誓うことを禁ずる、いわゆる偽りの誓約を禁ずる禁令は、旧約聖書にはたくさん出てまいります。たとえば、レビ記一九章一二節、申命記二三章二一節など。しかし、誓約そのものの禁令は旧約聖書にはありません。ところがイエスは命じます。「しかし、わたしはあなたがたに言う。いっさい誓ってはならない」と。

誓約の禁止のラディカル性

このような断言的な誓約の禁止はいかにラディカルであったかということは、このマタイ福音書を書いたといわれるマタイ自身、あるいはパウロ自身がこの誓いを破っていることでわかります。たとえば、マタイ福音書二三章一六節「盲目な案内者たちよ。あなたがたは、わざわいである。あなたがたは言う、『神殿をさして誓うなら、そのままでよいが、神殿の黄金をさして誓うなら、果たす責任がある』と。「神殿をさして誓う」というのがここに出てまいります。もちろんこれは「あなたがた」が言っていることですから、直接の批判にはなっておりません。しかし、パウロの場合ははっきりしています。たとえばコリント人の第二の手紙一章二三節です。「わたしは自分の魂をかけ、神を証人に呼び求めて言うが、わたしがコリントに行かないでいるのは、あなたがたに対して寛大でありたいためである」。「自分の魂をかけ、神を証人に呼び求めて言う」——これは神にかけて言っているということです。もう一箇所、ガラテヤ人への手紙一章二〇節「ここに書いていることは、神のみまえで言うが、決して偽りではない」。ここでパウロは「偽りではない」ということを神にかけて誓っています。つまりこれは明らかにパウロが「いっさい誓ってはならない」というイエスの教えに反していることになります。

だいたい、この「いっさい誓ってはならない」という言葉を言葉通りにとるとするならば、私たちの日常生活が成り立ちません。あるいは教会生活も成り立ちません。洗礼を受けるときに誓約をいたします。あるいは結婚する時に誓約します。キリスト教式の結婚式でないにしても、お互い同士、なんらかのかたちで誓約するのではないでしょうか。最近はそれもしないで同棲することが多いらしいですけれども、それはそれとして、普通はお互いに誓約をして結婚をします。ですから、イエスのこの教えをこのまま文字通りに一つの掟としてとれば、日常生活も教会生活も成り立たないことになります。そもそもこの山上の説教に出てくる徹底命題とか反対命題とかいうのは、そういう性質をもっています。二一節から二二節「昔の人々に『殺すな。殺す者は裁判を受けねばならない』と言われていたことは、あなたがたの聞いているところである。しかし、わたしはあなたがたに言う。兄弟に対して怒る者は、だれでも裁判を受けねばならない」。僕なんかしょっちゅう裁判を受けなければならないという感じです。二七節から二八節「『姦淫するな』と言われていたことは、あなたがたの聞いているところである。しかし、わたしはあなたがたに言う。だれでも、欲情をいだいて女を見る者は、心の中ですでに姦淫をしたのである」。こう言われると、世の男性はほとんど姦淫している。少なくともこれらをそのまま絶対実行しなければならない掟ととれば、私たちの日常生活は不可能だということになります。

それではいったいイエスは、ここで何を言おうとしているのか。つまりイエスの真意はどこにあったのか、ということを考えなければなりません。私たちはその答えを、この「いっさい誓ってはならない」という言葉のあとに続く、つまり三四節の後半以下から見出すことができるのではないかと思います。つまり、「天をさして誓うな。地をさして誓うな。エルサレムをさして誓うな」というところです。最初の「天をさして誓うな」のあとに「そこは神の御座であるから」という言葉が出てまいります。それから、「地をさして誓うな」のあとには「そこは神の足台であるから」とあります。この「神の御座」、「神の足台」というのはイザヤ書六六章一節に出てくるのですけれども、いずれにしても「天」とか「地」は「神の代替語」なのです。それから「エルサレムをさして誓うな。それは『大王の都』であるから」の場合も、「大王」というのは詩篇四八篇二節を見ればわかりますように「神」のことです。つまりエルサレム、とくにエルサレムの神殿を中心として、神の代替語になっているのです。要するに、誓約に神を利用するなと言っている。以上の背後には「主の名を、みだりに唱えてはならない」というモーセの十戒の禁令（出エジプト記二〇章七節）があるのです。そこから三七節の言葉を私はつぎのように解釈いたします。『否』を自分の責任で『否』とし、『しかり』を自分の責任で『しかり』としなさい」。自分の責任を神に転嫁してはならない、と。

自らの責任において

こういう解釈を、私は福音書のもう一つの箇所で補強してみたいと思います。それはマルコ福音書一一章三三節の後半です。一五節から一八節まで、有名なイエスによる神殿の粛清の物語があります。イエスが神殿の境内で商売をしていた者をすべて追い払ったという、イエスの非常にラディカルな行動を伝えています。祭司長、律法学者、長老たちがイエスのもとに来て、「何の権威によってこれらの事をするのですか。だれが、そうする権威を授けたのですか」と聞きます（二七―二八節）。「これらの事」というのは、元来はイエスによる神殿の粛清のことを指していたと取ります。つまり、イエスが神殿を粛清する、そういう権威はいったい何の権威によるのか、と。私は二八節の「何の権威によってこれらの事をするのか」という問いに直接続くのは、三三節後半のイエスの言葉だと考えます。「わたしも何の権威によってこれらの事をするのかあなたがたに言うまい」。イエスはここで神の権威を持ち出すことはなく、自らの責任において行動したことを示唆しているのです。

こういう観点から、みなさんのお手もとに渡っていると思います、私が昨年書きました短い文章（「無責任性の象徴としての天皇制」『靖国・天皇制問題 情報センター通信』号外、日本基督教団、一九八九年四月二九日（『荒井献著作集 第九巻』一九九―二〇一頁所収）をテキストにして、それを少し補いながら、私の考えを述べさせていただきます。

「朝見の儀」（この「朝見の儀」というのは、平成元年一九八九年一月九日に行われた、新天皇の昭和天皇との切り替えの儀式です。）のあと新天皇によって読み上げられた「お言葉」は、「皆さんとともに憲法を守り、平和と福祉の増進を希望」などのタイトルで報道され、大方の人気を得たようである。しかし、「この言葉には主語がありません」と、礼拝に同席した善野道子さんが私に洩した。家に帰って、「お話」の本文を再読したら、確かにそうであった。

天皇は自らを、公的には「私」と呼べないようである。それは、天皇は「国民統合の象徴」と憲法によって規定されており、ひとりの私的「国民」を超えて、それを「統合」する公的「象徴」だからであろうか。いずれにしても、私には、国民とともに憲法を守り、平和と福祉を増進する旨の、新天皇最初の公的発言に、主語がすっぽり抜け落ちていることに、「天皇制」なるものの特徴が端的に露呈されているように思われる。なぜなら、「私」の名によって語られない言葉には、その内容に自らの責任をとらなくてもよい。――天皇制は無責任体制の象徴だからである。

お気づきの方があるかもしれませんが、九月一四日（一九九〇年）の朝日新聞の論壇に岡田精司という三重大学の日本史の先生が小論を書いております。これは、天皇の即位の礼をめぐる諸行事について、政府は明治時代に制定され、戦後に廃止された登極令を踏襲して挙行している、それを批判しているところです。「大嘗祭はそれ自体で天皇の資格祭儀であるかのように言われるが、それは誤りである。大嘗は、即位後最初の大がかりな神まつりである。悠紀、主基の国地方からお米を献上する国の民によって、食物から芸能まで奉仕させる服属儀礼としての意味があった。一九〇九年に伊藤博文を総裁とする帝室制度調査局が立案した登極令で、この大嘗祭が決定的に内容が変更された。ところがこれは旧憲法のことであって、政府は皇室の伝統と言っているけれども、大正、昭和の二代しか挙行されていない儀式にすぎない。天皇が現人神の当事者だった時代の諸儀式が、象徴天皇制のもとで国事または公事としてそのまま借用できるのか。キリスト教徒の諸団体から大嘗祭反対の声が続いている。しかし焦点は政教分離の問題にあるだけではなく、もっと根本的に憲法の理念と国民主権の在り方とが、問われるのだ」と。

現天皇は「憲法を守る」と朝見の儀のときに言っている。この発言はまったく無責任です。つまり大嘗祭というのは、戦後に制定された憲法の立場から言えば、あってはならない祭なのです。

ところで前天皇の逝去前後から、にわかに天皇の戦争責任が問われるようになった。もちろんこれは、教会でも、教区でも、教団でも、とりわけ「大嘗祭」へと向けて、問い続けられなければならない。しかし、もし天皇の責任が、自ら（教団、教区、そして何よりもまず私自身）の戦責を問うことなしに、追及されるのであるならば、私どもはむしろ無責任体制としての天皇制の陥穽に自らはまり込むことになるであろう。この場合の戦責とは、あの大戦に対する直接的責任だけを意味するものではない。むしろそれは、象徴天皇性の無責任体制のなかにからめとられ、戦犯者たちの為政を甘受してきた、あるいは少なくともそれを覆すことのできなかった、戦後世代の責任をも意味する。いわゆる「戦責告白」をもつ教団に属する私どもに、いま必要なのは、この意味における世代論ではなかろうか。

イエスの振舞いが示唆すること

自分自身の戦争責任を追及する、いわばその延長線上に天皇の責任を追及するというのでなければ、無責任となります。その際に留意すべきは、各世代に属するキリスト者は自分の立場を神の名や、聖書の言葉によって正当化してはならないということでしょう。それをしたら、自分の立場に対する責任を神や聖書に転嫁することになります。自分の責任は自分でとること、それが無責任性という天皇制の縄目から脱出できる、ほかならぬイエスが、その振舞いを通して私たちに示唆した唯一の方法であるように私には思えます。たしかにイエスは、当時の神殿支配体制のなかで、その支配者により罪人として差別されていた「いと小さき者」の位置に立ちつくし、それが体制を批判する結果を引き起こしました。しかし、注目すべきは、イエスは体制を批判する際に、私の見解では一度も神の名や、聖書の言葉によって自らの言行を正当化していません。むしろ、そうすることを拒否さえしているのです。

このように、イエスが自らの言行を自らの責任において貫いた理由としては、二つの点を挙げることできるでありましょう。その一つは、当時のユダヤ支配者たちの側が、ほかならぬ神の名や、聖書の言葉によって、「罪人」を差別することによって成り立っていた社会構造を正当化していたからであります。その二つは、イエスにとって神は、人間を自らの責任で振る舞う主体へと解放する存在であったからでありましょう。

誤解しないでほしいのですが、私は反天皇制の根拠として、イエスの振舞いを挙げているのではありません。その根拠には自分で責任を負うようにと、イエスがその振舞いを通して示唆している、と言いたいのです。この示唆を受け入れて、私どもははじめて天皇制をめぐる世代論を非キリスト者とも分かちあえるのではないでしょうか。私どもは論議をキリスト教界内のモノローグに終わらせてはならない。この世に通ずる論拠をもって、私ども一人ひとりが「私」の名で、「否」を「否」とすべきでありましょう。

結論を申し上げます。いわゆる「教会生活」は、とくに天皇制批判との関わりにおいて見れば、「日常生活」と不可分であります。少なくともイエスは、神を信ずるがゆえにこそ、自らの行動を神によって正当化することをせず、むしろそれを自らの責任において貫きました。その限りにおいて、イエスにとっては宗教共同体と一般社会との境界線がなかったのです。教会人は教会人であるからこそ社会人に通用する言行を自らの責任において果たしていくべきではないでしょうか。そういう意味で、教会を見直していかなければなりません。

13　教育と隣人愛

〔聖書〕ガラテヤ人への手紙五章一三―一五節（口語訳）

「心の教育」――大人の意識を変えること

はじめに私の申し上げたいことを手短かに要約的に述べて、それから話を展開したいと思います。私たちを驚かせた神戸の連続児童殺傷事件も、少年が医療少年院に送られるということでいちおう決着をみたようであります。この事件を機として文部省筋から「心の教育の強化」というのが推奨されています。また、一八日付の『朝日新聞』朝刊でも心の教育の大切さを訴えておりました。

私には教育に関わる大人たちの心、すなわち教育意識の変革なしに心の教育は不可能と思われます。その場合の教育意識というのは、上昇志向実現の手段として教育強化を図る心のありようのことです。このことから回心することなしに、学ぶ者の人権を認めたうえでの個性教育は不可能と思われます。自己愛が心の中で隣人愛と共存していなければ、人はその人間性を喪失することになるのではないかというのが、私の基本的な考えです。

じつは、明日発売になる予定の『教育をどうする』という本があります。岩波書店が編集して、かなり前から準備していたものでして、ここに宣伝用パンフレットがあります。「いじめとか、不登校、家庭内暴力、受験戦争、会社人間、官僚の腐敗……いま教育に必要なものは何か。教師、親、社会に求められているものはなんなのか。研究者、作家、教師、政治家、三〇〇人余が提言する。文部省を解体せよ、学校なんかいらない、大学入試を廃止せよ、教師は教科書を捨てろ、知的基礎体力を、塾が面白い、道徳を教えよ、おとなの意識改革を、国際人を育てよ……さて、あなたの提案は？」というキャッチ・フレーズがついております。

私はこれに原稿用紙六枚の短い文章を寄稿するように依頼されました。私は教育学の専門ではありませんけれども、長年教育に関わってきた者として私の考えを書きました。短い文章ですので、まずそれを紹介させていただいて、その聖書的根拠をあとで述べさせていただきたいと思います。

「教育の改革と教育意識の変革と」

少子化社会が進行し、あと一〇年足らずのうちに、高校の卒業者数が大学の収容定員数を下回る事態が到来するといわれる。教育制度の抜本的改革は、このときがチャンスであろう。このときに向けてつぎの提言をあえてしたい。

①現在のセンター入試を高校卒業資格認定試験に改組する、②この試験に合格した者は全員大学入学資格をもつ、③東大をはじめ、すでに大学院に研究・教育の重点を移している大学はすべて大学院大学とし、学部を廃止して研究機関とする、④一般の大学は、大学の理念とそれに基づくカリキュラム、さらには教師の研究・教育方針と実績を公告する、⑤大学入学希望者は公告を参考にして大学を選択する、⑥学生に二年後、他大学に移る可能性を与える、⑦各大学は卒業資格試験を実施する。

もちろん、このような教育改革は、教育に直接間接に関わる者の「意識」改革の裏打ちがあってはじめて実現可能となろう。

私は、現在「学長」として勤務している女子大で、一年生選択必修の「教養演習」を担当している（テーマは「生きることの意味、学ぶことの意味」）。ところが、この演習のなかで、学生たちからすでに数回、彼女らが受けてきた教育、とくに教育の成果を判断する親や教師などの「意識」について、つぎのような、怒りに近い不満が出された。――教育の目的は、私たちの個性にそれぞれ差異があることを認めたうえで、各人に潜在している異なった能力を個性にそくして引き出すことにある。しかし、これは大人たちにとってあくまで教育の建前であって、本音ではない。本音の部分では結局のところ、有名小学・中学↓高校↓大学↓企業に入る手段として教育を位置づける「教育意識」から自由になっていない。

私はこのような不満に対し、以下のように応えてきた。――上昇志向実現の手段として教育効果を図る「教育意識」から解放されることなしに、学ぶものの「人権」を認めたうえでの個性教育は実現不可能であろう。とはいえ、人間は悲しいことに、上昇志向の根にある「自己愛」から自由になることができない。問題はこの「自己愛」をどう活かすかにある。これは人間に「自立」をうながす根でもあるのだから。ここで、人というものは人々（隣人）との間でしか生きえない社会的存在であることを考えてみよう。自立は共生なしにありえないのだ。とすれば、「自己愛」（自己を立てること）がひとりの人の中で「隣人愛」（他者を立てること）と共存していなければ、人はその「人間性」を喪失することになる。このような意味で、「人間」となるために、教師と学生の双方が「教育意識」を変革しなければ、「教育改革」はいくら制度を変えても不可能であろう。

教育をどうするか。教育する者と教育を受ける者の双方が共に「学ぶ者」として「教育意識」を変え、相携えて抜本的「教育改革」の主体となることを提唱する。

高校生の訴え

もう一つ、これに関連して話題になったことを紹介いたします。それは『朝日新聞』八月一六日（一九九七年）の朝刊に載った記事です。

いじめを受けていた高校生の自殺を悼む集会で、高校生の両親から招かれたルポライターの鎌田慧《さとし》さん（五九）が「弱者を選別し排除する学校と社会が変わってほしい」と講演した。男子生徒（一七）が壇に上がった。「弱者を切り捨てない学校や社会なんて、ありもしないユートピアだ」。取材で出会った一〇代の「いじめをなくそうなんて偽善だ」「学校が変わるわけない」という声が重なった。男子生徒は何を訴えようとし、鎌田さんは何を考え、会場の高校生は何を感じたのか。それぞれを訪ねた。

それに対して男子生徒の久保田君は「大人はもっと現実を直視してほしい」、「人間が平等だなんてうそだなどと教えて子どもたちに免疫をつけよ」と訴えています。鎌田さんは「君の視野は狭い。相手を大切にする基本に戻れ」と彼の基本的姿勢をくり返しています。

この記事を受けて八月二四日付の『朝日新聞』に投書が載りました。これは入江聡君という一五歳の高校生からのものです。

一六日の本紙「いじめ考」の記事のなかの鎌田さんの「弱者を切り捨てない学校や社会」というのは、ひとつの理想でしかないと思う。本当はそれが最も良いことだ。しかし、この現実の社会を変えなければ、その理想を手に入れることはできない。でも、社会を変えることははっきり言って無理だと思う。

大人は「いじめはやめろ」というだけで、何もしてくれない。実際にいじめは減っていないし、登校拒否の生徒は増えている。はっきり言って大人は口ばかりだ。あなた方がいじめを本当になくしたいなら、学校を変えるしか方法はないのではないか。

大人は「いじめる側が悪い」と言う。それはもちろんだが、いじめの背景にあるのは、ストレスや上下関係だ。そしてそれを作り出したのは大人だ。つまり、大人にも責任はあるということを、僕は言いたい。

大人は「いい学校を出て、いい職に就く」という考え方を僕たちに対してもっている。

しかし、その考え方が落ちこぼれをつくり、いじめや少年犯罪を生みだしている。

いまの僕たちには現実しか見ることができない。でも、僕は「理想を抱ける」社会がいつの日かくることを望みたい。

最後はわれわれにとっては少しなごむような文章で終わっていますが、これが現実だと思います。この現実に直面して、われわれ大人はどうすればよいのか、これに応えて私はさきほどのような提言をいたしました。そしてやはり大人の教育意識を変えることが先決だと考えたわけです。

自己愛を自己と共にある隣人愛に

このような私の考えの聖書的根拠をガラテヤ人への手紙五章一三―一五節から読みとってみたいと思います。「兄弟たちよ、あなたがたが召されたのは、実に、自由を得るためである」。もちろん、これは「キリスト教徒として召された」という意味ですが、もう少し広く解釈して、私たちの戦後のことを考えてみたいと思います。

私は終戦のとき一四歳でした。ちょうど神戸の事件を起こした少年と年齢的に重なります。終戦あるいは敗戦というのは、私たちに自由を与える事件でありました。つまり、戦争中に内側からも外側からも締めつけられた皇国史観（聖書で言えば律法）から解き放たれて自由を与えられた。それが戦後教育の出発点であったと思います。戦後民主主義の基盤にあらゆるものからの自由というのがあったと思います。つまり自立、他者からの枷を脱して自分で立つということです。

パウロは「ただ自由を肉の働く機会としないで、愛をもって互いに仕えなさい」と戒めています。私たちの現実を考えてみましても、この自由を肉の働く機会としている。つまり自己愛を絶対化している。受験戦争で勝つという価値観は、むしろ受験奴隷になることを前提している可能性がある。そうではなくて、「愛をもって互いに仕えなさい」とパウロは戒めます。そして「律法の全体は『自分を愛するように、あなたの隣り人を愛せよ』という一句につきる」と言っています。もちろん、これは旧約聖書のレビ記一九章一八節の引用です。よく言われますように、「自分を愛するように、あなたの隣人を愛しなさい」。あるいは「あなたの隣人を自らのこととして愛しなさい」という一句は、けっして自己愛を否定してはいません。

私は自己愛を否定することは偽善であると思います。ただ自己愛を絶対化するところに人間の滅びが起こる。なぜならば、人間は隣人の中でしか生き得ないからです。そういう意味で、隣人の位置に立つということは自己を立てるということと底が通じるはずです。「気をつけるがよい、もし互いにかみ合い、食い合っているなら、あなたがたは互いに滅ぼされてしまうだろう」。これなどはものすごく現代の日本の現実を示唆していると思います。

パウロはこれをキリスト教徒として書いているのですが、しかしこの「自分を愛するようにあなたの隣人を愛しなさい」ということは、聖書だけにある言葉ではありません。古代のいわゆる知識人たちが、いろいろなところで違うかたちで言っています。問題は、いかにして自己愛が隣人愛と共存できるのか、あるいは自己愛を隣人愛に転化することができるのかということの点で、おそらくキリスト教徒と他の人たちとの違いが出るのだと私は思います。

人間・それ自体の価値

そこで、ガラテヤ人への手紙のこの箇所の文脈を見てみます。五章四―六節です。「律法によって義とされようとするあなたがたは、キリストから離れてしまっている。恵みから落ちている」。自己の業績によって、自分の果たした業によって、神の前に正しい人間とされようとするあなたがたは、キリストから離れてしまっている。恵みから落ちている。「わたしたちは、御霊の助けにより、信仰によって義とされる望みを強くいだいている」。信仰とは何か。すべての人間を今の現状のまま受け入れる愛の恵みに対して「然り」ということです。どのような人間であっても確実に人間の尊厳をもっている。だから外からみた外見によって価値づけをするということからまったく自由になる。そして尊厳ゆえに人間は対等である。そして神はそれを受け入れてくださっている。その神の愛に対して、「そうだ」ということが信仰だと考えています。「キリスト・イエスにあっては、割礼があってもなくても、問題ではない。尊いのは、愛によって働く信仰だけである」。信仰はあらゆるものから人間に自由を与えます。しかしパウロは、自由を愛によって完徹することを勧めているのです。

ここで言われている律法は、能力主義とか、業績とか、私のさきほどからの文脈で言えば、上昇志向実現の手段として教育効果をはかる教育意識だと思います。いかに建前だと言われようとも、私ははっきり言いたい。人間の価値は学力にあるのではありません。人間として存在することそれ自体にあります。ですから、恵みに応えて自己を立てることも大切なことですが、それだけでなく自己を立てることを他者を立てるために用いようとする意欲あるいは想像力があるかどうか、ということで人間の価値がきまると思います。それを堂々と生徒たちの前で言い、しかもそれを実行することが教師たちの務めだと思います。

そういうことで、神の恵みによって生きるということを共通の基盤としている教会の兄弟姉妹たちは考え方を共有していきたいと思います。

14 弱いときにこそ強い

〔聖書〕コリント人への第二の手紙一二章一―一〇節（口語訳）

はじめに

まぶね教会の今年度の宣教方針をご記憶でしょうか。今年度の宣教方針は「福音に生きる教会」です。副題は「福音によって満たされつつある対等な関係を形成する」です。横山正美牧師の書かれた趣旨の最後のほうには「私たちは聖書の語る福音に耳を傾け、福音によって生かされることによって、力強きものによる支配―被支配の関係から解き放され、自らの尊厳と他者の尊厳とを相互に重んじ合う関係の形成を願うものである。また、そのことを通して時代と社会の歪みのなかで苦しんでいる人々の苦しみからの解放の出来事に連なってゆきたい」とあります。この立場に立ち、横山牧師は第一テサロニケ人への手紙をテキストにして説教され、それは終りに近づいていています。説教をお聞きの方々はお気づきと思いますが、横山牧師はこの問題に精神医学的なアプローチをされてきました。私はこの問題に政治・社会的なアプローチをさせていただきたいと思います。

危険な三法案

今、日本は明らかに右傾化しています。ご存じのように、最近の国会においては、いずれも国家の右傾化を暗示する法案が相ついで可決されました。今日はそのうちの三つに言及したいと思います。一番目は、日米防衛協力のための指針、新ガイドライン関連法案です。二番目は、通信傍受法案です。三番目は、国旗・国歌法案です。これを推し進めた小渕首相に対する最近の世論調査によると、国民の支持率は彼が首相に就任して以来最高の四八パーセントになっています。

一番目の「新ガイドライン」関連法案のなかで最も危険視されるべきは「周辺事態法」というものです。これは日本の周辺で、政府は「周辺」とは地理的概念ではないと言いつくろっていますが、明らかに日本の「周辺」です。日本の周辺で「有事」（国際紛争）が発生した場合、日本はアメリカを「自衛隊」をもって後方で支援するというものです。それはあくまでも「後方で」武器弾薬などの輸送を護衛する行為であって、戦線の前方での戦争協力ではないと政府は言います。しかし、近代戦において武力行使は前方と後方の区別などはありえません。それは最近のコソボ紛争におけるＮＡＴＯ軍によるセルビア攻撃を見れば一目瞭然です。この「周辺事態法」があるかぎり、日本はアメリカ主導の戦争に巻き込まれることは必然です。これは明らかに「戦争法」（英語では「War Manual」）で、国際紛争を解決する手段として武力行使の放棄を宣言した日本国憲法第九条にどう言いつくろっても違反します。

二番目の「通信傍受法」というのは、じつは盗聴の合法化を目的とする法律で、政府は麻薬取締りなどの特殊犯罪にかぎってこれを適用すると説明しています。しかし、通信の盗聴を合法化すれば、それは事柄の性質上、無制限に適用される可能性は十分にあります。過去においても、日本国による侵略戦争に反対する者、つまり、反戦論者の通信を盗聴するために最も有効に用いられました。その意味で、この盗聴法は最初に言いました戦争法を補完する役割を十分に含みます。

最も問題になるのは三番目の国旗・国歌法です。いわゆる「日の丸」「君が代」は、従来、日本では慣習的に国旗・国歌とみなされていました。しかし、とくに文部省は、各県の教育長を通して、学校長に対し、学校行事、卒業式や入学式などにおいてこれを掲げ歌わせるように

「教育指導要領」をもって「指導」してきました。これに対し、現場の教員、生徒、保護者の一部が、それには法的な根拠がない、それを強行すれば個人の信仰・思想の自由を侵害するとの理由で反対していました。このたび採択された国旗・国歌法は、まさに「日の丸」「君が代」にその法的根拠を与えようとするものです。しかも政府は、「君」は従来その解釈は歌う者個人の自由であったのですが、「君が代」の「君」を憲法第一条に規定されている「日本国民統合の象徴」である「天皇」に特定しました。

そもそも「日の丸」「君が代」は、何よりもまず、日本のアジア侵略の「象徴」でした。私が小学校・中学校で教えられた「修身」という授業によると、「日の丸」は万世一系の天皇の元祖、天照大神（宗教史的には太陽神の化身です）の象徴であり、「君」とはその末裔、当時の「神君」「今上天皇」（昭和天皇）でした。この意味での「日の丸」を掲げ、「君が代」を歌いつつ、あるいはそれを占領した地域で掲げさせ、歌わせつつ、日本はアジア全域に侵略を拡大しました。一九四五年八月、「ポツダム宣言承諾やむなし」の状況下にいたってもなお天皇は日本の国体護持工作を続行させ、広島、長崎に原爆が投下されました。くしくも、長崎に原爆が投下された記念の日、八月九日、この国旗・国歌法案が議会で裁決されました。お気づきでしたでしょうか。

戦後、天皇は自ら「人間宣言」をし、「神」から人となりました。しかし、国際政治的にはアメリカの対ソ・対中国戦略から天皇の侵略戦争の責任は問われず、国内的には天皇を日本の統治（アメリカによる日本の占領政策維持）のために利用しようとした当時の占領軍のトップにあったマッカーサーと、その政策を積極的に受け入れようとした天皇の意志が一致し（これに関しては今月の『世界』（岩波書店）に新しい資料が載っています。天皇が積極的にマッカーサーの占領政策を支持したという新資料です）、天皇の戦争責任は問われず、武力放棄（憲法第九条）の代替として象徴天皇制（第一条）が憲法のなかで認められました。この意味で「国体」は護持され、その結果「君が代」の「君」は「無責任」の象徴となりました。戦争を煽ったマスコミも、その大半が戦争に協力したキリスト教も、少なくとも敗戦後にはいっさい責任をとらず、「君が代」「日の丸」もそのまま生き延びました。

そして今、日本は「過去の記憶」を消し去り「過去の正当化」に踏み出しました。「日の丸・君が代」が侵略と戦争の惨禍の象徴であったこと、にもかかわらず戦後も天皇とともに「日の丸・君が代」を延命させたこと、このことは、戦前とは「制度」を変えてではありますが、無責任にも本質的には「強者」の立場（第一条）、象徴天皇に関する条項が温存されました。いま日本は、あえて、弱者の立場をとろうとした憲法第九条に象徴される「弱者」の立場を放棄し、あるいはそれをなし崩しにし、「強者」の立場に向きを変えようとしています。実際、政府は議会に「憲法調査会」を設置し、憲法とりわけ第九条の改定を目指しています。これは明らかです。

弱さを誇る

パウロは、コリント人への第二の手紙一二章五節以下、とくに九節から一〇節において（まぶね教会の宣教方針の裏付けになっている聖書の箇所はコリント人への第二の手紙一二章九節です）、「ところが、主が言われた、『わたしの恵みはあなたに対して十分である。わたしの力は弱いところに完全にあらわれる』。そして「それだから、キリストの力がわたしに宿るように、むしろ、喜んで自分の弱さを誇ろう。だから、わたしはキリストのためならば、弱さと、侮辱と、危機と、迫害と、行き詰まりとに甘んじよう。なぜなら、わたしが弱い時にこそ、わたしは強いからである」と続けています。この最後のところから今日の説教題をとりました。

九節から一〇節において「弱さの中に神の恵み、あるいはキリストの力が宿るのであるから、強さではなく、むしろ弱さを誇る」とパウロは言っています。「強さ」――強さによった獲得される所有（財産であろうと、占領する地域であろうと、強さによって獲得される所有）ではなく、「弱さ」――弱い存在そのものを受容するということ、その「弱さ」に価値基準を転換させています。このことは横山牧師も言われています。キリスト教の最大の特徴の一つは、当時、強さにあった価値基準（ローマ帝国に象徴されるものです）に対し、弱さに価値基準を転換したことです。そこに福音の最大のメッセージがあると思います。この場合の「強さ・弱さ」は（精神的な強さと弱さと横山牧師は説明されていますが）、言うまでもなく政治的・社会的な射程をもつ概念です。そしてこれはパウロ自身のイエス・キリスト理解にも対応していると私は思います。

ピリピ人への手紙二章六節以下、この六節以下一一節まではギリシア語では韻をふんだ歌のかたちになっており、この時代に歌われた讃美歌であろうと言われています。それをパウロはここに引用しています。「キリストは、神のかたちであられたが、神と等しくあることを固守すべき事とは思わず、かえって、おのれをむなしうして僕（直訳すると「奴隷」です）のかたちをとり、人間の姿になられた。その有様は人と異ならず、おのれを低くして、死に至るまで、しかも十字架の死に至るまで従順であられた。それゆえに、神は彼を高く引き上げ、すべての名にまさる名を彼に賜わった。それは、イエスの御名によって、天上のもの、地上のもの、地下のものなど、あらゆるものがひざをかがめ、また、あらゆる舌が『イエス・キリストは主である』と告白して、栄光を主なる神に帰するためである」。

昨年八月、コペンハーゲン大学で国際新約聖書学会があり、バーゼル大学の Vollenweider 教授が研究発表をしました。それは、New Testament Studies という学会誌の最近号に載っています。六節の「神と等しくあることを固守すべき事とは思わず」という一句に関する研究です。「固守すべき事とは思わず」は新共同訳聖書では「固執しようとは思わず」となっています。いずれにしても「固守する」とか「固執する」と訳されるのが普通です。外国の聖書もその線で訳されています。彼は、「固守すべきこと」「固執すべきこと」というこの名詞は、ギリシア語のもともとの意味に即して「奪い取るべきもの」「強奪物」「捕獲物」と訳すべきであると提案しています。また、旧約聖書をふくむ古代オリエントの文献、ギリシア・ローマの文献において「神と等しい者」あるいは「神と等しくある者」「神と等しくあること」（神的な君主の位置）は、多くの場合ローマ皇帝が武力をもって「奪い取った」「神の子」イデオロギーによって維持されていた。キリスト讃歌は、このような神君イデオロギーに対する強烈な批判、その転換だと言うのです。だから「固執する」と訳すべきではなく、「奪い取って得られたものではない」と訳すべきだと言うのです。

「キリストは神の身分でありながら、神と等しい者であることを奪い取ろうとは思わず（ローマ皇帝のようにです)、かえって自分を無にして、奴隷の身分になり、人間と同じものになられた」。ここでも価値の基準が万能の「神の身分」から社会的には最も底次の「奴隷の身分」に移されています。しかもこのキリストは「死に至るまで、しかも十字架の死に至るまで従順であられた」。それゆえにこそ「神は彼を高く引き上げ、すべての名にまさる名を彼に賜わった」。十字架の死に至るまでいちばん低いところに立ったがゆえに、すべての名にまさる名をお与えになった。こうして「あらゆるものがひざをかがめ、また、あらゆる舌が、『イエス・キリストは主である』と告白して」キリストをたたえるのである。イエス・キリストは主であるという告白は、強さに立脚するローマ皇帝に象徴されるような存在に対して主であると告白するのをひっくり返したということです。

私は同じことがマルコによる福音書におけるローマの百人隊長のイエスに対する「神の子」告白にも見出せるのではないかと思います。パウロだけではなく福音書でもです。マルコ福音書一五章三三節以下のイエスの死に関する記事です。この箇所によりますと、「わが神、わが神、どうしてわたしをお見捨てになったのですか」という絶望の言葉を残して息をひきとったイエスを見て、ローマの百人隊長は「まことに、この人は神の子であった」と告白しています。呪われた者として十字架にかけられ、神にも見捨てられて死にゆく弱者の極みを具現するイエスこそが、最も強い「神の子」だという告白なのです。しかも、ローマの百人隊長がこれを告白したということは、まさに価値の逆転になります。だからこそ、一六章六節「イエスはよみがえって、ここにはおられない」。直訳すれば「イエスは死から起こされた」です。パウロのキリスト讃歌の言葉で言えば「高く引き上げられた」です。「だからこそ」です。この「だからこそ」を押さえないで復活と言っても意味がないと思います。

なぜ迫害されたのか

もう一度コリント人への第二の手紙一二章一〇節のパウロの言葉に戻りましょう。「わたしが弱いときにこそ、わたしは強い」。この直前の文脈に「弱さ」と並んで「侮辱」「危機」「迫害」に言及しています。キリストのためならば、弱さと侮辱と危機と迫害と行き詰まりに甘んじようという一〇節の前半のところです。とすれば、パウロがこの直後に「わたしは弱いときにこそ強い」と言っている場合の「弱いとき」には「迫害されたとき」が含まれています。しかも、同じコリント人への第二の手紙一一章二三節以下を読むとわかるように、パウロは実際にユダヤ人からもローマ人からも何度も迫害されていました。

パウロをはじめとして初期のキリスト教徒は、なにゆえに当時の国家体制から迫害されたのでしょうか。ローマ史の側からみると、一般的にはキリスト教徒が唯一の父なる神だけを神とし、皇帝礼拝を拒否したからだと言われます。しかし、たとえばパウロは、イエスも同様ですが、ユダヤ人からも迫害を受けています。周知のように、ユダヤ教徒もキリスト教徒と共に唯一神を奉じています。私の見解によれば、パウロをはじめとするキリスト教徒が迫害された大きな理由の一つに「価値基準の転換」があったと思います。これは当時の国家体制が拠っていた「強さ」（所有）から「弱さ」（存在）に価値の基準を転換し、それを現実生活に貫いたからです。彼らにとってイエスを信じ彼に従うということは、イエスと共に「弱さ」あるいは「弱者」を受け入れ、結果として「強さ」あるいは「強者」と対決したからです。

弱いときにこそ強い

私がこの説教の前半で言及した「ガイドライン法」「国旗・国歌法」は、日本国がふたたび「強さ」あるいは「所有」に価値を置く、「強さ」の側に立つ決意表明の法制化です。もし私たちがキリスト者として「弱さ」の側に立つとすれば、「強さ」の物質化である武器の放棄を宣言した憲法第九条を護って、「象徴」という曖昧なかたちで、しかも実際には「無責任性」の象徴として残した天皇制、憲法第一条に対決せざるをえないと私は思います。

日本においてはいまでも天皇はタブーです。触れてはならない存在です。例を申し上げます。この法制化が国会で審議されていた時期、私の故郷の高校の総合体育大会の開会式で、来賓の一人が、日の丸掲揚、君が代斉唱のときに座っていた人に対し、起立しない人はこの会場から出て行けと言いました。このことは新聞にも報道されていました。このような傾向は法制化によって強化されることは目に見えています。東京都の教育委員会は、君が代の伴奏を拒否した小学校のピアノ教師を地方公務員法に反すると戒告処分しました。法制化ののち、このようなケースが起これぱもっと厳しい処分が行われることが予想されます。八月二日の参議院の国旗・国歌特別委員会の席上、文部省の教育助成局長が、教職員が国旗・国歌の指導に矛盾を感じ思想・良心の自由を理由に指導を拒否することまでは保障されないと答弁しています。これは八月三日の朝日新聞、朝刊に報道されています。処分の対象になるという答弁は、法制化が現場の教師にはっきりと強制力をもつものであることを物語ると思います。

先週木曜日、大学に、文部省から国旗・国歌法が法制化されたという通知と共に、できれば教育機関の式典で国旗を掲げ国歌を斉唱してほしいという指導がありました。これはけっして公立や県立だけの問題ではありません。私立の学校の問題でもあります。

イマワノキヨシロウさんという歌手が一〇月一四日にポリドールから発売予定していたアル

バムが、パンクロック調にアレンジした君が代を収録していたという理由で、八月一一日に急遽発売中止になっています。彼はそれに抗議し、他の全部の歌もポリドール社からは出さないと宣言しています。彼のコメントには、法制化の議論のなかで、君が代を音楽として議論されることがあまりにもなかったので、ミュージシャンとして考える材料を提供したいと思った、歌詞にもメロディにも手を加えずパンク調にしただけなのに発売禁止とは納得できないとあります。これは明らかに、「君が代」の「君」に触れるからです。タブーです。触れてはならないのです。明らかにかつて辿った道に逆戻りしています。非常に緩やかなかたちで、非常に優しいかたちですが、明らかに危機だと私は思います。

これに対して、われわれキリスト教徒は、精神的なことばかり言っていては駄目だと私には思えました。反天皇を訴えるときには迫害を覚悟しなければならないということです。なぜならば、私たちが立脚している究極的な根拠は、まさに「弱いときにこそ強い」からです。

15　人が神にならないために

〔聖書〕ルカによる福音書一章三九―五六節（口語訳）

待降節の礼拝では、マタイによる福音書やルカによる福音書における、マリアのいわゆる処女懐胎の物語が、説教のテキストに選ばれるのが普通です。私も今日は、あまり凝らないで、真正面から受胎告知と、とくにそのあとに続きますマリアの讃歌をめぐって、皆さんと一緒に考えてみたいと思います。

イエスの出生をめぐる二つの見解

マタイ福音書とルカ福音書に収録されている、処女懐胎、あるいは処女降誕の物語には、これを私たちが客観的に読んでいきますと、かなり矛盾した話が、その矛盾が解決されないままで、編まれているように思えます。どういうことかと言いますと、イエスの出生、イエスがどういう仕方で誕生したかということをめぐって、二つの見解が同じ物語に併存しているようです。

その一つは、イエスがダビデの子孫から生まれたという考えです。今日のテキストに選びましたルカ福音書では、二章一節以下、とくに四節「ヨセフもダビデの家系であり、またその血統であったので、ガリラヤの町ナザレを出て、ユダヤのベツレヘムというダビデの町へ上って行った」。ベツレヘムというのはダビデが生まれた町ですので、キリストはダビデの子孫から生まれるという、そういう見解を前提としてこの物語は形づくられたと思います。ただそのあとに「それは、すでに身重になっていたいいなづけの妻マリヤと共に、登録をするためであった」とありますので、いいなづけの妻、つまりまだ結婚していないということが前提されています。もっとも、ユダヤにおきましては、婚約と結婚というのは法的にはまったく同じだったわけですから、いいなづけでも妻でも別にかまいません。最近の日本でもそうなってきています。それがいいか悪いかわかりませんが、ともかくそういうことを前提しますと、二章というのは、イエスがダビデの末、ダビデの子孫から生まれた、もっとはっきり言ってしまいますと、イエスの父はヨセフであったということを、けっして排除しておりません。二週間前の日曜日に山口雅弘牧師がテキストに用いましたマタイによる福音書の一章一節以下のイエスの系図もヨセフの系図でした。

ところがもう一つ、それとまったく相入れない物語があります。それは今日扱うところですが、イエスが神の子だという見解です。イエスが神の子であるという場合、当然それは神の力、つまり聖霊によって、ヨセフを経ないでマリアの胎に宿ったという考えです。

これらの二つの考え方は、客観的に言いますと矛盾しています。つまり、一方を強調しますと他方を排除しなければならなくなる。どんなに系図を強調しても、ヨセフの前で途切れてしまったならば、イエスの系図としては意味がありません。他方、イエスは神の力によってヨセフを媒介としないで誕生したとなりますと、今度は系図そのものの意味がありません。これがどういうふうにルカ福音書のなかでは結合されているのかというところに、私は、イエスの誕生の記事を読むいちばん難しいところがあるように思えます。

イエス誕生の最も古い伝承

じつは、イエスの誕生をめぐる最も古い伝承は、つまり誕生物語ができる前のイエスの誕生に関する伝承は、ローマ人への手紙にあるのです。それは一章三―四節。三節の後半から「御子は、肉によればダビデの子孫から生まれ、聖なる霊によれば、死人からの復活により、御力をもって神の御子と定められた」。

年代的に申し上げまして、ローマ人への手紙の成立はおそらくマルコによる福音書よりも前です。四つの福音書のなかではマルコ福音書が最初に書かれたわけですから、ローマ人への手紙はルカ福音書よりもかなり前に書かれた手紙です。しかもここでは、パウロが最初期のキリスト教から受容した伝承を、この手紙に書き込んでいる箇所です。「御子は、肉によればダビデの子孫から生まれ」――ここではまったく処女懐胎ということは書かれていません。御子イエスはヨセフとマリアから生まれたということが前提されています。そして、「聖なる霊」つまり聖霊によれば、イエスが死人の中から復活して、その時点で、「御力をもって神の御子」とされたという。これがイエスの誕生に関するいちばん古い考え方のようです。

このパウロが前提しているイエスの誕生に関する理解の仕方における、いつイエスが神の子とされたのか、というその時点ですね、これがマタイ福音書とルカ福音書では、マリアがイエスを懐胎した時点に移されているわけです。パウロの手紙では、それが復活の時点でありました。その復活のときにイエスが神の子とされたという考え方が、そうではなくて、誕生と同時に、いや受胎したその瞬間にイエスは神の子であったという考え方を、少なくともこの二つの福音書はその考え方を採用しているということです。ちなみに、マルコ福音書には、イエスの出生に関してはいっさい書かれておりません。ヨハネ福音書にも書かれておりません。ですから、初期のキリスト教におきましては、イエスの誕生をめぐっていろいろの考え方があったということがわかります。

要するに、イエスが神の子とされたその時を、マリアがイエスを身ごもったその時点に重ねたために、客観的に見ますとどうしても矛盾が生じてくる、ということになるのだと思います。この矛盾はどう解決すべきでしょうか。それに対する一つの答えを出してみたいと思いますけれども、今はとりあえずこの問いを前提して、今日の主題であるマリアの讃歌の箇所をお話しして、最後にこの問いに帰ってきたいと思います。

能動的マリアと受動的マリア

マリアの讃歌というのは、四六節から五五節まで続く有名な歌ですが、その背景になっております受胎告知の物語、これは二六節以下ですが、これらの間にも、マリアの態度に一見して矛盾があります。マリアの讃歌は、とくに五一節以下は、およそ処女マリアの歌にはふさわしくないと思われるほどに、攻撃的、能動的です。「主はみ腕をもって力をふるい、心の思いのおごり高ぶる者を追い散らし、権力ある者を王座から引きおろし、卑しい者を引き上げ、飢えている者を良いもので飽かせ、富んでいる者を空腹のまま帰らせなさいます（原文では動詞は過去形、正確にはアオリスト形）」。

この句は強烈ないわば社会批判になっています。ところが、この讃歌を歌ったマリアが受胎したときの態度は、きわめて対照的に、受動的です。二六節以下に天使ガブリエルによる受胎告知があって、それに対して三八節でマリアがつぎのように言います。「わたしは主のはしためです。お言葉どおりこの身に成りますように」と。

ただここに見られます能動的マリアと受動的マリアというのは、マリアがいったい何に対して能動的であり、何に対して受動的であるかという、その対象をはっきりさせてみますと、これはじつは矛盾していないということがわかります。つまり、マリアは神に対して、神の言葉に対して身を開きます。神の言葉に対して徹底的に受動的です。そして他方、己を神とする者に対して、徹底的に批判的です。心の思いのおごり高ぶる者というのは、自らを神とする者という意味です。つまり、一方は祈るマリアであり、神の言葉を受け入れる、神の言葉と対話するマリアであり、他方は、社会悪に対して、徹底的に批判的に関わるマリアです。

そして、このようないわば受動的能動性を特徴とするマリアの振舞いは、イエスの振舞いの先取りだ、と私は考えます。マリアの讃歌における先ほど言及しました五一―五三節、心の思いの奢り高ぶる者、あるいは権力ある者、あるいは富んでいる者に対する批判というのは、イエスに関連して言いますと、ルカ福音書では六章二〇節以下にあたります。用語法までほとんど似ております。

「あなたがた貧しい人たちは、さいわいだ。神の国はあなたがたのものである。あなたがたいま飢えている人たちは、さいわいだ。飽き足りるようになるからである。あなたがたいま泣いている人たちは、さいわいだ。笑うようになるからである」。二四節にいきますと、「しかしあなたがた富んでいる人たちは、わざわいだ。慰めを受けてしまっているからである。あなたがたいま満腹している人たちは、わざわいだ。飢えるようになるからである。あなたがたいま笑っている人たちは、わざわいだ。悲しみ泣くようになるからである」。

この六章二〇―二五節の前半は、マリアの讃歌ではその前半（一章四八―五〇節）にあたります。「この卑しい女をさえ、心にかけてくださいました」（四八節）。これは意訳でありまして、先ほど交読文で一緒にお読みしました文語訳のほうが、もとの原文に近い訳です。交読文四三でした。「わが心、主をあがめ、わが霊は、わが救主なる神を喜びまつる」というところです。ここから始まるのがマリアの讃歌です。この文語訳のほうが原文に近いのです。口語訳の聖書では「わたしの魂は主をあがめ、わたしの霊は救主なる神をたたえます」とありますけれども、文語訳のほうでは「喜びまつる」とあります。これは物語の枠組みになっている四四節の「ごらんなさい、あなたのあいさつの声がわたしの耳に入ったとき、子供が（これはヨハネですが）胎内で喜びおどりました」という「喜ぶ」というのに対応しているのです。ですから、「神をたたえます」と訳してしまいますと、前の文脈との繋がりがなくなります。こういうところも少しきちんと訳してもらいたいですね。新共同訳のほうは「喜び」となっております。

主のはしための卑しきをも

それはともかくとして、問題は四八節です。文語訳では「その婢女《はしため》の卑しきをも、顧み給へばなり」とあります。「その婢女」というのは、主の婢女です。「主の婢女の卑しきをも、顧み給へばなり」と。これは原文の通りの訳ですね。それを私たちの口語訳では「卑しい女」というふうに書き替えてあります。

前に日本基督教団の讃美歌委員会から、讃美歌の歌詞にある差別語の読み替えを提案してきまして、たしか大貫隆君がこれに関して懇談礼拝で発題して、皆で懇談したことがあります。たとえば一一一番の「賤《しず》の女《め》」の「賤の」というのは差別語だと。これはおそらく「賤民」とか、そういう「賎」という字と結びつくからでしょう。しかし、「賎しさ」というのも、「賎しい」というのも、「賎の女」というのも、ここから来ているのですから（讃美歌21 二五九番では「おとめマリア」と書き替えられている）。この「卑しい」という言葉もあるいは差別語になるかもしれません。「卑賎」という言葉もありますから。しかし、書き替えだけでは問題は解決しないということ、差別語はできるだけ書き替えたほうが良いのだけれども、書き替えるとかえって意味の射程が狭くなることもありうるというようなことも、あのとき話し合ったと思います。

今日はいちおう「卑しい」とか「卑しさ」とかいうのは差別語であることを認めたうえで使ってみます。これは使わないと意味が出てこないということが、だんだんわかっていただけると思います。いずれにしましても「主のはしための」の「はしため」は、文字通りには「奴隷」です。「主のはしための卑しさに目を留めてくださいました」。――もし私が口語訳に訳すならば、そう訳したと思います。つぎに四九節―「力あるかたが、わたしに大きな事をしてくださったからです。そのみ名はきよく、そのあわれみは、代々限りなく、主をかしこみ恐れる者（これは複数形です）に及びます」とありますが、「及びます」ではなくて、「臨みます」と訳すべきだろうと思います。文語訳の聖書は「臨む」と訳しています。「その御名は聖なり、その憐憫《あわれみ》は、代々、畏《かしこ》み恐るる者に臨むなり」と。「及びます」といいますと、だんだん及んでくるような感じがするのですけれども、そうではなくて、主のあわれみは、直接「神を恐れかしこむ者」の上にあり続けるのです。

なお、新共同訳聖書では「卑しい」を「身分の低い」というふうに訳しています。これはおそらく「卑しい」という言葉を避けたのだと思います。しかし、「身分の低い」というのでは、あまりに意味が一面的になってしまいます。つまり、ここでは実際に「身分が低い」という意味と「自らを低くした」という意味と二つあるのです。ですから、「主のはしため」ということと、「主を恐れかしこむ者」あるいは「主を恐れる者」というのは同じ意味にとっていいでしょう。以上が前半です。そして、すぐそれを前提したうえで、五一節から「心の思いのおごり高ぶる者」あるいは「権力ある者」に対する非常に批判的な言葉が続くということになるのです。

ゲッセマネの祈りとの対比

それから、神に対するマリアのきわめて受動的な姿勢、神の言葉に自らのみを開くということの姿勢は、イエスの場合は例のゲッセマネの祈りに非常に象徴的に表れています。ルカ福音書で言いますと二二章の四二節以下です。「父よ、みこころならば、どうぞ、この杯をわたしから取りのけてください。しかしわたしの思いではなく、みこころが成るようにしてください」。この「みこころが成るようにしてください」というのと、今日の箇所の一章三八節「お言葉どおりにこの身に成りますように」というのと、この「お言葉」と「みこころ」というのとの違いはありますけれども、しかし言葉に対して身を開く、あるいはみこころに対して身を開くという意味ではまったく同じです。

イエスがこの世の中で虐げられている人々の位置に立ち、そういう状況を作り出している、この世の支配者に対して、徹底的に批判的でありえたのは、やはり徹底的に神の「お言葉」あるいは「みこころ」に対して、自らを開いたからだ、というのが私の持論です。一方から他方を切り離してはなりません。とくに例の万博の問題以来、あの教会は福音派であるとか、あの教会は社会派であるとか、一般的にはレッテルを貼られます。まぶね教会などは社会派になっています。しかしそんなことはおかしい話で、徹底的に福音的であるということは、徹底的に社会的であるということです。こういう姿勢というのは、すでにマリアにおいて先取りされていると、考えるべきではないでしょうか。

ただ、ここで問題にしたいのは、まずイエスの場合、この世の支配者に対して、徹底的に批判的であったということは、けっして彼らに対して復讐するためとか、あるいは彼らをいわば無化してしまうためとか、あるいは彼らを非難の対象にするとか、そういうことではない、ということです。少なくともルカ福音書全体を読みますと、そういうことではない。どういうことかと言いますと、これは先ほどのイエスのゲッセマネの祈りのあとに続く受難物語を読んでいきますと、とくに二三章三四節以下でイエスは自らを十字架に架けた人々を念頭において、「父よ、彼らをおゆるしください。彼らは何をしているのか、わからずにいるのです」と言っております。もちろんイエスを十字架につけた直接の処刑者、つまりローマの軍隊とユダヤの支配者とは具体的に言えば違います。しかし、イエスの処刑をめぐっては、ローマ側とユダヤの支配者とは結託したわけですから、イエスの処刑に責任があるという点では、彼らは同じことです。

いずれにしても、イエスは彼らを徹底的に批判しております。しかし、イエスによる彼らに対する批判には、彼らに対する赦しないしは神のあわれみが先行している。いわば、イエスの赦しあるいは神のあわれみの具体的な在り様が、徹底的な批判だということです。イエスの赦しとか神のあわれみは人間の罪を水に流すということではないのです。そうではなくて、その人を本当に人間らしくあらせるために、その人の思いから、いわばその人が自らを絶対化しているその根拠を、徹底的に批判的に取り去るということなのです。つまり、今日の話の主題で言いますと、人が神にならないための批判です。人を人間らしくあらしめるための批判です。

マリアの場合も同様です。マリアの讃歌に返って、先ほどから申し上げておりますように、この讃歌は前半において、「主のはしための卑しさ」に対する神の恵み、神のあわれみが歌い上げられています。「その（主の）あわれみは、代々限りなく、主をかしこみ恐れる者に臨みます」と。これが前提となって五一節以下の権力批判に繋がります。ですから、ここでは「神のあわれみ」というのは、五一節以下で批判されている人々にも及ぶのです。神のあわれみは、その力を放棄することではない。そうではなくて、神は人間をあわれみ給うからこそ、権力者を力を持って引きずり落とす、彼らを人間にするために、人間らしく生きさせるために。

自覚的教会

話が少し抽象的になりましたので、一つだけ例話をお話ししたいと思います。一〇日ほど前に、私が親しくしております西ドイツのマンハイムという大学のヘルマン・フンケ先生から――この先生は西洋古典学を、つまり私と同じ専門ですけれど、ただこの先生は聖書学ではなくて、ローマ帝国の歴史を専門としている先生ですが――彼から「シュツッツガルターツァイトゥング」という新聞に掲載した自分の文章を送ってきました。それは“Wollen Sie auch zur Demo?”というタイトルです。「あなたも一緒にデモに行きますか」という題なんです。たいへん興味深かったので、ちょっと紹介したいと思います。

ちょうどベルリンの壁が破られる二週間ほど前から、東ドイツのライプチッヒという都市の大学（当時のカール・マルクス大学）で、古代末期のローマ帝国に関するシンポジウムが開かれたそうです。このころ東ドイツでは反体制デモがいちばん激しかったのです。東独のホーネッカーとかウルブレヒトに代表される支配体制に対するいわば民衆の側からの批判が激しく盛り上がった時期に、このシンポジウムが開かれたようです。

フンケ先生はローマ帝国の支配構造に関するシンポジウムに参加しながら、――ローマ帝国というのは、奴隷制で成り立っていたわけでありまして、結局この奴隷支配体制がローマ帝国を自ら崩壊させていったのですが、この支配体制というのと、いま崩壊しつつある東ドイツの体制とをこの記事のなかで重ねて書いているのです。いささかこれは大げさすぎるのではないかと思いますが、ただこの記事で私の興味を引いたのは、しかも私はそれを知らなかったのですけれども、ライプチッヒ大学の大学付き教会が（この教会は「パウリーナキルヘ」、つまりパウロ教会といって、中世以来、例の聖トーマス教会と並んで、ドイツにおける最も古い教会の一つで、その装飾の美しさで知られています）、かつての首相であったウルブレヒトの命令で壊されて大学の食堂に変えられていたのだそうです。東独におけるいわゆる反体制運動の拠点は、このライプチッヒの大学食堂だったのです。この大学食堂で礼拝を捧げ、祈祷会を開いて、そこからデモに出発したというのが東ドイツにおけるあの反体制運動の発火点だったと書いてあります。

日本のいわゆるマスコミでは、あの反体制運動を支えたのが、じつは自覚的な教会員であったということがあまり知られていないわけですけれども、東ドイツでは与党というのは共産党一つしかなかったわけで、野党的役割を果たしたのが教会だったのです。――ライプチッヒ大学でシンポジウムが開かれて、そのシンポジウムに行く途中で「あなたも一緒にデモに行きますか」と聞かれた。この言葉がフンケ先生の新聞記事の見出しになっているのです。東ドイツでは、いわば大学食堂教会で祈り会を開いてそこからデモに行った。この力が結局はベルリンの壁を打ち破るところまで行った、ということになるのだろうと思います。これは驚くべきことで、私は、神に対する徹底的に受動的な姿勢と、自らを神として他者を奴隷とするそういう権力に対して徹底的に批判的になる姿勢とは、つねに一つでなければならない、と思います。その一つのしるしではないかと思って、非常に感動をもってこの新聞記事を読みました。

卑しさの極み──マリアの懐胎とイエスの十字架

もう時間がありませんので、最後に最初に立てた問いに帰ります。処女降誕の動機そのものは、イエスの誕生物語以外にもあります。それはいずれも神話上の英雄、あるいは歴史上の英雄を、神格化する文学的手法に用いられていました。イエスの場合も、かならずしもその例外ではなかったと思います。イエスを神の子とする、つまりイエスを神格化するひとつの手法として、処女降誕の動機が導入されたということは、けっして否定できないと思います。ただ問題は、福音書に、マタイやルカに固有な動機、つまり他の物語や他の神話に見られない固有な動機は、婚約中の処女が神の霊によって身ごもったという動機です。

さきほども触れましたように、ユダヤ社会において婚約というのは法的には結婚と同じと見なされました。ですから婚約中に（一章三四節によりますと）マリアは受胎告知を受けて、「わたしにはまだ夫がありませんのに」と言っております。この「まだ夫がありませんのに」というのも意訳で、直訳は「わたしはまだ男を知りませんのに」という訳です。婚約中に男を知らないで身ごもるということは、姦淫とみなされました。そして姦淫を犯した妻は、ヨハネによる福音書八章一節以下の「姦淫の女」の物語にも書き留められていますように、法的には石打刑の対象になりえたのです。それはスキャンダル中のスキャンダルです。いわば神は、マリアを人々から見ればスキャンダラスな女、卑しい女にしたのです。神はその恵みによって、このような女の卑しさを媒介として、キリストをこの世に遣わしたということなのです。といたしますと、この女の卑しさというのは、イエス・キリストの十字架に対応すると私には思えます。なぜならば十字架というのは、当時卑しさの極みでありましたから。

ルカ福音書では二三章四四節以下で、イエスの最期の物語が描かれております。「時はもう昼の一二時ごろであったが、太陽は光を失い、全地は暗くなって、三時に及んだ。そして聖所の幕が真ん中から裂けた。そのとき、イエスは声高く叫んで言われた、『父よ、私の霊をみ手にゆだねます』。こう言ってついに息を引きとられた。百卒長はこの有様を見て、神をあがめ、『ほんとうに、この人は正しい人であった』と言った」。この場合の「正しい人」、というのは「キリスト」というのと同じです。ローマの百卒長はイエスが処刑されたその様を見て、この人は「正しい人」本当の意味の「キリスト」だと告白して神を讃美したとあります。

この正しい人、キリストというのは、ユダヤ人の考えによりますと、ダビデの子孫から登場するはずなのです。つまりイエス・キリストの系図は、マリアの婚約者ないしは夫ヨセフを媒介として、ダビデに遡るということになります。しかしそれは歴史的相対的なものであって、これを、つまり系図に象徴される過去の絶対化を相対化する視座は処女マリアの卑しさで、これが卑しさの極みとしてのイエスの十字架であると私はとります。卑しさを介して生まれ、卑しさの極みに死した神の子イエスこそがダビデの子と言われるキリストなのだ、という主張がこの物語の背後にあるのではないか。おそらくこういう主張からあの系図の中にマタイ福音書では、人々から見れば「卑しい」と思われる女たちを入れたのではないかと思われます。つまり、イエスはあるいは歴史的にはダビデの子であるだろう、しかし本質的には初めから終わりまで卑しさを担いきった神の子であるという信仰告白が、こういう物語を生んだのではないでしょうか。

人が神にならないために

最後に、処女降誕の物語ではイエスの母が聖化されているのではない、ということを確認しておきたいと思います。つまり、マリアが聖母として崇拝の対象となるのは紀元後の五世紀よりも後のことであり、マリアが人間的営みによって母となる以前に聖霊によってイエスを身ごもったということは、女性の結婚とかあるいは子を産むことなどの一面的評価をむしろ相対化します。ルカ福音書の一一章二七節にそのことがはっきり書かれています。――「イエスがこう話しておられるとき、群衆の中からひとりの女が声を張りあげて言った、『あなたを宿した胎、あなたが吸われた乳房は、なんとめぐまれていることでしょう』。しかしイエスは言われた、『いや、めぐまれているのは、むしろ、神の言《ことば》を聞いてそれを守る人たちである』」。

既婚か非婚か、子を産むか産まないか（あるいは産めないか）が問題ではないのです。問題は神の言葉に己が身を開くか否かということです。人があくまで人に留まり、人間らしくあることであり、人が神にならないことです。神が人となったのは人が神にならないためである、と言えるでありましょう。

〔初出一覧〕

1 最も小さい者の一人に 〈二〇〇一年一二月一三日〉恵泉女学園大学クリスマス礼拝説教
2 あなたの傍らに 〈二〇〇一年四月一日〉日本基督教団まぶね教会礼拝説教（以下同）
3 今ここに生かされて在ることの喜び 〈一九九三年一一月一四日〉
4 教会をたてる 〈一九八九年一〇月一五日〉
5 教会にたてられるために 〈一九九一年七月二一日〉
6 キリストのからだとしての教会 〈一九九六年七月二一日〉
7 信仰告白とは――「使徒信条」をめぐって 〈一九九七年一月二六日〉
8 信仰と人権 〈一九九五年七月一六日〉
9 イエス断腸 〈一九九八年八月二三日〉
10 み心のままに――脳死は「人の死」か 〈一九九二年四月一二日〉
11 家族とは？――国際家族年によせて 〈一九九四年五月二九日〉
12 「しかり」を「しかり」、「否」を「否」――教会生活の見直しを 〈一九九〇年九月一六日〉
13 教育と隣人愛 〈一九九七年一〇月一九日〉
14 弱いときにこそ強い 〈一九九九年八月二九日〉
15 人が神にならないために 〈一九八九年一二月一七日〉

あとがき

本書には、私が一九八九年から二〇〇一年の間に行った「説教」が一五篇収録されている。最初に置かれた一篇は、最も新しく、私の学長任期最終年（二〇〇一年）度の恵泉女学園大学クリスマス礼拝説教であるが、他の一四編はすべて、私が所属する日本基督教団まぶね教会における礼拝説教である。

私は牧師ではないが、まぶね教会では一九七〇年代以降今日に至るまで、月に一回、聖日礼拝を「懇談」形式でもっており、その際の説教は原則として信徒が担当している。これは礼拝の枠内でなされているので「説教」とされているが、一般的には「懇談」のための「発題」と見ていただいて差しつかえない。一四編の「説教」のうち大半はこの「発題」になる。

まぶね教会のいわゆる「懇談礼拝」における「説教」のテーマは、その時々の教会内外で問題とされたトピックに沿って選ばれている。4―5は、いずれも「教会」に関するテーマであるが、この時期、まぶね教会では、老巧化した会堂に替えて会堂を新築するか否かをめぐって討議が重ねられていた（新会堂は二〇〇〇年一二月に竣工）。7は使徒信条、8は教団の戦争責任告白、9は二重教職制、10は脳死問題、11は国際家族年、12は大嘗祭、13は神戸の少年連続殺人事件、14は国旗・国歌法案等々が、それぞれテーマとしてとり上げられ、それらを信仰者として聖書に即しどう受けとめるかが論じられている。

その他の若干は、まぶね教会に牧師が休暇などで不在の折り、礼拝で説教の代役をした際に語ったものである。

まぶね教会では、ようやく二〇〇〇年度に、それまで用いていた聖書のいわゆる口語訳を新共同訳に切り替えた。したがって、ここに収録されている説教のなかで、はじめの二篇だけが新共同訳を、他の一三篇はすべて口語訳を用いている（6は試行的に新共同訳）。

周知のように、新共同訳では、一九九七年四月以降出版の版本において、口語訳をふくむそれまでの訳語「らい病」が「重い皮膚病」に書き替えられている。ただし、本書でこの病気に言及される聖書の箇所は、すべて口語訳を用いてなされている説教のなかに出てくるためもあって、本書ではそれを「重い皮膚病」に書き替えていない。

従来「らい病」と訳されているヘブライ語の「ツァーラアト」、ギリシア語の「レプラ」は、ハンセン病と理解されてきたが、現在ではかならずしもハンセン病ではなく、さまざまな皮膚疹的病理現象を総括する集合概念とみなされている。それゆえに、新共同訳では「らい病」に替えて「重い皮膚病」としたものと思われる。

しかし、私があえて本書に「らい病」の訳語を残したのは、口語訳聖書を一つの歴史的文献として扱おうとしたからにほかならない。とりわけ、「レプラ」(「ツァーラアト」)に対する社会的偏見と差別のあり方は、聖書の「レプラ」と日本の歴史上の「らい病」(文語訳では「癩病」)とでは酷似している。「らい予防法」が撤廃されたのは一九九六年で、「らい病」が新共同訳で「重い皮膚病」に書き替えられたのは一九九七年であった。口語訳聖書の「らい病」表記まで「重い皮膚病」に書き替えてしまうと――少なくとも聖書を歴史的文献として読む場合――、聖書の歴史と日本の歴史に共通する「負の遺産」に対する記憶が消えてしまう恐れがある。このことは、現在、新共同訳聖書で「重い皮膚病」と読む場合にも、少なくとも記憶に留めなければなるまい。

私は、一九六八年に日本基督教団麻布南部坂教会からまぶね教会に転会したので、本書に収められている説教をした期間(一九八九年以降)以前にも、まぶね教会で年に一回ほどの割合で説教をしている。それらの説教のいくつかは、既刊の小論集『初期キリスト教史の諸問題』（一九七三年）や『「同伴者」イエス』（一九八五年）に収録されている（現在は『荒井献著作集』第九、一〇巻、岩波書店所収）。一九八九年以降にまぶね教会で行った説教でも、その原稿が手元にあったものは、著作集に入れておいた。

本書に収録した説教が日の目を見たのは、最近コイノニア社を興した市川邦雄氏の熱意による。同氏は、氏の友人で二〇〇一年四月にまぶね教会へ牧師として就任された中原眞澄氏の協力を得て、会堂の事務室に眠っていた私の説教テープ越こし原稿を、歴代の牧師や私のほかに懇談礼拝を担当した人々の説教原稿の中から探し出し、一書に編集してくださった。私にはこれらのほかにも説教をした憶えが（そのメモと共に）あるが、その原稿は貸し出されているうちに散逸してしまったらしい。

最後に一つ、読者にご了解いただきたいことがある。私は本書所収説教のうち、四篇（2、3、14、15）を基にして講演や放送をしており、それが既刊の著作集に収められている。そのために、著作集所収の小論と本書所収の説教の間に内容的重複が若干見出される。この点については、著作集編集担当の岩波書店編集部・中川和夫氏から了解をいただいた。

原稿をパソコンで清書してくださった恵泉女学園大学大学院生・本田めぐみさんと恵泉女学

園大学卒業生で私と同じまぶね教会に所属する平田千晴さんに感謝します。

柄にもない私の「説教集」が読者の期待に添い得るかどうか、いささか心もとない。市川氏の熱意にほだされて、敢えてこれを世に送ることとした。忌憚のないご批判を仰ぐものである。

二〇〇三年二月二七日

荒井　献

著者　荒井　献（あらい・ささぐ）
1930年秋田県に生まれる。東京大学教養学部卒業，同大学院人文科学研究科西洋古典学専攻博士課程満期退学。ドイツ・エルランゲン大学神学部留学。Dr. theol.（神学博士）。青山学院大学助教授，東京大学教授，恵泉女学園大学学長を経て，現在，東京大学・恵泉女学園大学名誉教授，日本学士院会員。
著書　*Die Christologie des Evangelium Veritatis*（1964），『使徒行伝』上巻（1977），同中巻（2014），同下巻（2016），『トマスによる福音書』（1994年），『荒井献著作集』全10巻，別巻1（2001-02年），『イエスと出会う』（2005年），『「強さ」の時代に抗して』（2005年），『ユダとは誰か』（2007年），『ユダのいる風景』（2007年），『初期キリスト教の霊性』（2009）等。訳書　クルマン『ペテロ』（1965），シュタウファー『エルサレムとローマ』（1965）等。共訳書『ナグ・ハマディ文書』I-IV（1977-1978），『新約聖書』（2004），『ナグ・ハマディ文書・チャコス文書』（2010）等

荒井 献著
人が神にならないために　説教集

●

2016年4月1日　発行

発行者……小林　望
発行所……株式会社新教出版社
〒162-0814 東京都新宿区新小川町 9-1
電話（代表）03 (3260) 6148
http://www.shinkyo-pb.com
印刷・製本……河北印刷株式会社

© 2003, Sasagu Arai
ISBN 978-4-400-52150-1　C0016

本書は2003年4月にコイノニア社から出版された書籍の第2刷（2009年5月）に基づく復刊です。